我在等风，也在等你

白凝 著

中国出版集团 现代出版社

图书在版编目（CIP）数据

我在等风，也在等你 / 白凝著. -- 北京：现代出版社，2017.1

ISBN 978-7-5143-5434-8

Ⅰ. ①我… Ⅱ. ①白… Ⅲ. ①爱情－通俗读物 Ⅳ. ①C913.1-49

中国版本图书馆CIP数据核字(2016)第290463号

著　　者　白　凝
责任编辑　杨学庆
出版发行　现代出版社
通讯地址　北京市安定门外安华里504号
邮政编码　100011
电　　话　010-64267325 64245264（传真）
网　　址　www.1980xd.com
电子邮箱　xiandai@cnpitc.com.cn
印　　刷　三河市京兰印务有限公司
开　　本　880mm×1230mm 1/32
印　　张　7
版次印次　2017年6月第1版　2017年6月第1次印刷
标准书号　ISBN 978-7-5143-5434-8
定　　价　36.00元

序言：你在心上，便是天堂

从前车马很慢，书信很远，一生只够爱一个人。

那个慢节奏的时代，爱情缓慢而悠长，像储存很久的老酒，入口留香。

酿酒的人已经不在，喝酒的人却醉在甘醇里。

不是所有人都能得到理想的爱情，因为爱情从来都是苦与甜兼备，你喝到了甜，是否也懂得那味苦?

有时候它毫无道理，就算美貌和才华并存的于凤至，也败给妩媚多情的赵一狄；

有时候它不那么公平，你的一见钟情换不来日久生情，一部《从文家书》，一声声“三三”，卑微至尘埃，只为与心爱的人长相厮守；

有时候它又让人遗憾，你抱着自己的固执，未曾来得及吐露真情，便错失挚爱，比如石评梅只能在心爱的人坟头忏悔，以一颗象牙戒指祭奠这苍白的爱情。

世间的爱情千变万化，从来没有定数。似乎每一场缘分都需要几世的修炼，才能在人群中匆匆一瞥。

若不是留美船只上的阴差阳错，冰心和吴文藻就不可能成为人人称美的模范夫妻；

若不是课堂上的会面，沈从文不会就此沦陷在张兆和的裙下；

若不是那一场盛大的舞会，徐志摩走到了陆小曼面前，就不会有日后那场传奇。

爱是刚好，是早一步不行，晚一步也不行。

存在于诗文中的爱情，唯美而浪漫，但浪漫是婚姻的色调，物质生活才是婚姻的基础。当诗画般的爱情与现实产生不可磨合的冲突时，朱湘跳入滚滚长江，隐没了一世的才华；徐志摩负气远行，终坠滚滚红尘……

虽斯人已去，幸书信犹存。

多年前流传下的旷世之恋，或遗憾，或唯美，大都随着历史远去，而他们留给我们的不仅仅是追求爱情的书信，更是一部如何守护爱情的哲学。

这些故事或许让你潸然泪下，或许让你扼腕叹息，而阅读别人故事的你，也会在自己的舞台演绎属于自己的爱情。

愿这民国书信里的爱情哲学，能让你在情路上走得清醒，看得清明。

目录

你记得也好，最好你忘掉

——徐志摩·陆小曼

爱情是一种自由，对于诗人而言更是一种浪漫。

遇见陆小曼之前，徐志摩有两段恋情。他和张幼仪是奉父母之命，媒妁之言，这样的包办婚姻对于追求自由的诗人来说显然难长久，终以半篇《离婚通告》结局。他和林徽因则相识于英国留学时。自由的学术和恋爱气息下，徐志摩遇见心中的女神。

康桥的柔波荡漾着徐志摩的不舍和柔情，浪漫的诗人追求着理想化的人生，对于女神的过分迷恋，让他产生了澎湃的激情，也让他创作了无数诗作。然而康桥的水波终归平静，理性的林徽因意识到徐志摩无法给她想要的婚姻，不辞而别。

林徽因曾对自己的儿女说：“徐志摩当初爱的并不是真

正的我，而是他用诗人的浪漫情绪想象出来的林徽因，而事实上我并不是那样的人。”

徐志摩说：“我将在茫茫人海中访我唯一知己，得之，我幸，不得，我命。”

对于感情选择不强求的态度便是对彼此最好的祝福，这也是能和林徽因从恋人成为挚友的原因。徐志摩的洒脱性格是极好的，不被爱情的枷锁套住诗人本性的浪漫。

徐志摩终究不懂林徽因对现实婚姻的理解，而陆小曼的出现，让他终于明白，爱是朴素，不是奢华，激情终究归于平凡，归于茶米油盐。奢华的爱情是建立在充裕的物质上，否则就会一步步走向瓦解。

名媛大多是指受过良好教育且出身名门的美貌女子，而陆小曼就是这样的一个风华绝伦的名媛。陆小曼才华卓越，活泼轻灵，一张小巧的瓜子脸，秀气的五官，生性风流浪漫，使无数男子为之倾倒。

也许徐志摩对陆小曼早有耳闻，只是无缘相见。陆小曼多才多艺，担任三年外交翻译，成为当之无愧的顶级名媛，此时的她已经闻名于北京社交界。

然而她却走上和徐志摩一样的命运——包办婚姻，不同的是徐志摩抵触，而陆小曼毫不反抗，甚至没想过反抗。陆家出面为她挑选夫君，最终选上青年才俊王庚，淑女配绅士顺应社会潮流，也许她本人也觉得理所当然，物质充足，前途广阔，而她对爱与不爱毫无概念。

陆小曼追求华丽的人生，蜜月的激情退去后，便开始不适应枯燥的生活。现实中的婚姻没有她想象中的激情和快乐，不解风情的王庚专心于事业和前途，美貌的娇妻却被他异常冷落，陆小曼热情的心渐渐被冷冻。

爱情并不是毫无根据的偶遇，而是在合适的时间出现合适的人。

徐志摩留学归来，常去朋友王庚家玩耍，陆小曼的才情和浪漫吸引了性格相似的徐志摩，两人相处十分融洽。后来陆小曼吵着让王庚相陪，王庚不耐烦时便让徐志摩陪她。陆小曼和徐志摩便有了更多时间单独相处。

他们一起去长城游玩，喝茶，看枫叶，浪漫温情的徐志摩深得陆小曼的喜爱，两人总有说不完的话，默契十足。绅士和名媛是时代的绝配，才子和佳人也是一道亮丽的风景。

才情的相通更大大拉近了他们的距离，陆小曼加入了新月社，而徐志摩在诗歌上的独特才情更让陆小曼为之倾倒，爱的种子渐渐地在他们心中发芽。

徐志摩写道：“桃花早已开上你的脸，我更敏锐的消受你的媚，吞咽你的连珠的笑；你不觉得我的手臂更迫切的要求你的腰身，我的呼吸投射到你的身上，如同万千的飞萤投向光焰？这些，还有别的许多说不尽的，和着鸟雀们的热情的回荡，都在手携着手的赞美着春的投生。”

浪漫的徐志摩不仅满足了陆小曼身为女性的尊贵感，也弥补了王庚在感情留下的空白。一方是呆板的政治家、木讷的丈夫，一方是才华横溢的诗人，陆小曼心里的天平渐渐失衡，她对爱情所有的幻想都被徐志摩满足了，强烈的爱情来袭早已驱走她的理智，这也是陆小曼和林徽因的区别。

“眉眉，这怎好？我有你什么都不要了。文章、事业、荣耀，我都不要了。诗、美术、哲学，我都想丢了。有你我什么都有了。抱住你，就比抱住整个的宇宙，还有什么缺陷，还有什么想望的余地？你说这是有志气还是没志气？你我不知道，娘听了，一定骂。别告诉她，要不然她许不要这没出息的女婿了。”

《爱眉小札》记录了徐志摩对陆小曼深深的爱意，这种爱不同于对林徽因的爱。林徽因是徐志摩心中的女神，因为没有得到，更显得可望而不可即；而陆小曼是他面前真实的存在，她带给他巨大的快乐，让他从失恋的阴影中走了出来。

她们是白月光与白玫瑰，都是极好的。

王庚丝毫没有意识到家庭的危机，于是两人矛盾越来越激化，最终走向离婚。此时的徐志摩也许对朋友心怀歉意，但也早就被爱情冲昏了头脑。

七月七，一个美丽的日子，这天北海公园举办了一场轰动一时的婚礼，在当时的社交界堪称一则爆炸式的新闻。徐志摩和陆小曼终于走向了婚礼的殿堂，参加婚礼的都是当时的名门望族，然而这对新人并没有得到多少祝福，因为两人都是二婚，虽然当时崇尚爱情自由，但这毕竟不是很光彩的事情。

生性洒脱的徐志摩和陆小曼或许并不介意这些，他们还沉浸在浪漫的爱情童话之中，然而众人的不理解还是给新婚蒙上了一层不快乐的阴影。

证婚人梁启超曾在给梁思成和林徽因的信中写道："我又看着他找得这样一个人做伴侣，怕他将来痛苦更无限，所以对于那个人当头一棍，盼望他能有觉悟（但恐很难），免得将来把徐志摩弄死，但恐不过是我极痴的婆心便了。"

后来的事情证明，梁启超这位政治家的确有远见，然而对于陷入爱情中的男女，任何忠告都显然是无济于事。

没有考虑未来的爱情让他们陷入前所未有的困境。徐志摩的父亲喜欢贤淑的张幼仪，他规定徐志摩若想再婚，必须求得张幼仪的同意。徐志摩知道张幼仪生性温婉，不善与人争斗，于是开口请她帮忙，这一关很容易就过去了。尽管如此，徐申如并不乐意，他实在不喜欢陆小曼的作风，直到胡适这个有名的红娘出来周旋，他才勉强答应。但是陆小曼一生都未被徐家接受，这也成为她的一块心病。

由爱情走向婚姻却并没有给两人带来憧憬的快乐，婚姻终于成了爱情的坟墓。平淡的日常生活让陆小曼和徐志摩都不快乐，浪漫退去以后，只剩下惨白的现实。

婚后，徐志摩依然是诗人，然而他诗人般的爱情是多么的不切实际，他把自己所爱的人憧憬为世界上最美好的形象，但那种最美好的形象只存在幻想之中。而陆小曼已经成为和他朝夕相处的人，她的缺点很快地展现出来，甚至被放大。

陆小曼依然想做名媛，喜爱奢华，流连舞会，这是出身贵族、受惯荣华养成的毛病，也是面对无趣生活的反抗。或许，徐志摩也感受到了陆小曼的厌倦，他想着各种方式讨得妻子欢心。

“我想在冬至节独自到一个偏僻的教堂去听几折圣诞的和歌，但我却穿上了臃肿的戏袍登上台去客串不自在的腐戏。我想在霜浓月淡的冬夜独自写几行从性灵暖处来的诗句，但我却跟着人们到涂蜡的舞厅去艳羡仕女们发金光的鞋袜。”

这种曲意逢迎的生活是无趣的，逼着自己去接受不喜欢的东西，徐志摩也逐渐地厌倦，但他依然爱着陆小曼，所以选择一步步地退让。说到底，两人对爱情的憧憬都过于理想化，而对生活的本质毫无概念，所以一次次陷入困境。

陆小曼不像一般的家庭主妇那样操持家务，也不会对丈夫嘘寒问暖，她甚至找不到丈夫的衣服。也许从小受到的教育只教会她如何享乐，她衣来伸手饭来张口，每天睡到中午才起床，下午的时间大多用来写信，作画，偶尔会见客人。

婚姻对于陆小曼来说是有一定束缚的，以前她可以随心所欲地出入社交场合，现在为了顾及徐志摩的看法，也为了避免流言蜚语，她不得不减少出门的次数，生活变得越加的无聊，这让喜欢新鲜事物的她备受煎熬。

虽然已经极尽克制，但晚上打牌、跳舞、听戏的安排依然不能少。徐志摩偶尔会不满几句，陆小曼我行我素。即便如此，徐志摩对她的爱似乎分毫不减，正如他在《爱眉小札》中写道：

“我亦未尝不私自难受，但实因爱你过深，不惜处处顺你从着你，也怪我自己意志不强，不能在不良的环境中挣出独立精神来。”

他对于陆小曼毫无责备，反而将所有的错误归于自己的身上。这一切让徐申如忍无可忍，他斩断了徐志摩的经济补给。

陆小曼和徐志摩都活在爱情的童话里，不懂生计，不懂怎么养活自己，徐父斩断经济，对于他们来说是莫大的冲击。如果此后陆小曼改变自己骄奢的作风，悲剧或许能避免；如果徐志摩加以严词引导，这位迷茫的名媛或许能有所改变。但是现实没有那么多如果，陆小曼不是一个善于长远计划的人，从她放弃婚姻选择徐志摩就能看出，她是十足的现实享乐主义者。

就算在经济最紧张的时候，陆小曼依旧沉迷于灯红酒绿，躺在床上吸着鸦片吞云吐雾，迷蒙的眼睛半睁半闭。徐志摩为了补贴家用，不得不同时在光华大学、东吴大学、上海法学院、南京中央大学以及北平北京大学等到处兼课，课余还赶写诗文，以赚取稿费。而这些钱远远不足以供陆小曼挥霍。也许徐志摩也有些厌倦妻子的奢华享乐，但他还是扛起了一个男人的责任，用尽所有力气满足自己心爱的女人。

1930年，徐志摩北上任北大教授，他要求陆小曼陪同自己前去，在北京开始新的生活。但是陆小曼早已沉醉在上海的灯红酒绿之中，执意不肯离开，无奈之下徐志摩独自离开。

“但我不在时你依旧有你自己的生活，并不是怎样的过不去；我在你当然更高兴，但我所最要知道的是，眉呀，我是否你‘完全的必要’，我是否能给你一些世上再没有第二个人能给你的东西，是否在我的爱你的爱里你得到了一生最圆满，最无遗憾的满足？”

两个“是否”连问，徐志摩对这份感情渐渐产生怀疑，他的存在似乎对陆小曼无关紧要，而他依旧深深地爱着她。

两地分居后，徐志摩经常乘坐免费飞机在上海和北京两地来回奔波，作为妻子的陆小曼一直是担心徐志摩的，毕竟飞机不是一个普及的交通工具。陆小曼表明自己的担忧，但是徐志摩说家里经济条件有限，这句话让陆小曼不再提及安全问题，反而建议徐志摩以后少回家。她是不愿意牺牲自己的享乐生活，即便这是建立在丈夫劳累奔波、危险重重的情况之上。

长期分居让他们的感情愈加平淡，彼此变得可有可无，甚至为了一件小事都会大打出手。

1931年11月，徐志摩从北平赶回上海，陆小曼依旧喝醉酒很晚回家。第二天陆小曼让翁端午和她一起当着徐志摩面吸食大麻，等翁端午离开后，徐志摩斥责了陆小曼几句，陆小曼便把烟管向徐志摩砸去，砸碎了他的眼镜，也砸碎了他们的爱情。

徐志摩愤然离去。

为了赶上林徽因那天晚上在北京协和小礼堂向外宾作的关于中国古代建筑的讲演，徐志摩在19日迫不及待地搭乘了一架邮政机飞往北京。飞机在济南党家庄失事，年仅三十六岁的诗人当场丧命，正如他的诗：“悄悄的我走了，正如我悄悄地来，我挥一挥衣袖，不带走一片云彩。” 徐志摩死后，陆小曼不再出去交际。她一个人独自咀嚼着自己种下的苦果。

在徐志摩死后一个多月，陆小曼写了《哭摩》：

“我深信世界上怕没有可以描写得出我现在心中如何悲痛的一支笔。不要说我自己这枝轻易也不能动的一枝。可是除此我更无可以泄我满怀伤怨的心的机会了，我希望摩的灵魂也来帮我一帮，苍天给我这一霹雳直打得我满身麻木得连哭都哭不出来，混（浑）身只是一阵阵的麻木。

几日的昏沉直到今天才醒过来，知道你是真的与我永别了。摩！慢说是你，就怕是苍天也不能知道我现在心中是如何的疼痛，如何的悲伤！从前听人说起“心痛”我老笑他们虚伪，我想人的心怎么觉得痛，这不过说说好玩而已，谁知道我今天才真的尝着这一阵阵心中绞痛似的味儿了。

你知道吗？曾记得当初我只要稍有不适即有你声声的

在旁慰问，咳，如今我即使是痛死也再没有你来低声下气的慰问了。摩，你是不是真的忍心永远的抛弃我了么？你从前不是说你我最后的呼吸也须要连在一起才不负你我相爱之情么？你为什么不早些告诉我是要飞去呢？

直到如今我还是不信你真的是飞了，我还是在这儿天天盼着你回来陪我呢，你快点将未了的事情办一下，来同我一同去到云外优游去吧，你不要一个人在外逍遥，忘记了闺中还有我等着呢！”

《哭摩》字字都包含心痛、悔悟和绝望，倘若徐志摩知道陆小曼如此痛苦，也许会轻轻说句：“眉眉，我们曾预知今日，又何必当初。”

煮字为药：

他也曾想改变陆小曼，但最终却是以最悲伤的方式达成了这个目标。

其实，陆小曼最初吸引徐志摩的，不正是之后他极度厌恶的奢华吗？

爱情在最初的时候，总是最美的时候。再完美的初见，都躲不过时间的磨砺，它会残忍撕掉彼此所有的光环，最后只剩下晦暗和蹉跎。

没有面包牛奶的爱情虚无缥缈如空中楼阁，生活的磨难足以让它崩落朽败、荡然无存。

我不能决定如何生与死，但可以决定如何爱与活

——萧红·萧军

提起萧红，人们总会想起契诃夫笔下的奥莲卡。她总是要爱一个人，为爱而活；她总是在爱情里寻找自我，然后又在爱情里失去自我。

萧红的人生幕布里，底色一直是沉郁的，那是爱情的颜色。透过其中的悲欢，我们不难发现，她就像飞蛾扑火，至死不渝。这大概就是她爱的哲学。

朱熹说人生最重要的两件事，一是求得立足之处，一是求得安心之所，而对于萧红来说，这都是她终生可望而不可即的。

就像她自己说的：顺来的事情，却一辈子也没有……文艺批评家李健吾在他的《咀华记余·无题》中说他最折服的四位女性作家：丁玲、凌叔华、林徽因、萧红。他对萧红更是充满怜悯："最可怜的萧红好像一个嫩芽，有希望长成一棵大树，但是虫咬了根，一直就在挣扎中过活……"

的确，她这一生都在挣扎中过活了。来到这个世界后，先在家庭里挣扎，走出了家门，独自过活，就开始了在这个世界里的挣扎，而最大的挣扎，莫过于爱情。

萧红的人生，就像一朵开在崖山的花，越鲜明，就越有一种无依无靠的凄凉。但她又带着一股坚韧，内心始终明媚如花，即使在风雨的摧残下，盛开过，凋落过，零落成泥，却从不曾妥协，要做什么就做什么，要怎么爱就怎么爱。她就像后花园里的野草，肆意地生长："一切都活了。都有无限的本领，要做什么，就做什么。要怎么样，就怎么样。都是自由的。黄瓜愿意开一个黄花，就开一个黄花，愿意结一个黄瓜，就结一个黄瓜，若都不愿意，就是一个黄瓜也不结，一朵花也不开，也没有人问它。"

萧红纯真和烂漫是自然赐予她的，身处地狱，心在天堂。自然界万物都是自由的，唯独人最不自由。可她偏爱这自由。这个不让封建礼法束缚自己的女子，这个不让旧爱束缚自己的女子，这个只想找个安安静静的地方来写作的女子，这个渴望过着正常老百姓夫妻生活的女子，她从始至终都在追求着内心的自由。

《呼兰河传》就是萧红远去的童年，灰色的呼兰河在她笔下平静地流淌，一个个鲜活的有血有肉的角色把我们带回到20世纪初的张家。那时，萧红还只是个幼稚的小女孩子，八岁丧母，父亲续娶，从此她的生命只有爷爷可以依靠，只有后花园里的花花草草可以陪她。

岁月荒凉，人事无情，萧红的一生就是一场逃荒。

心安定的时候，身体在逃荒；身体安定的时候，心在逃荒……祖父去世，后园荒芜，她走出后园，看到更大的地方，她站在街上，不是看街上的热闹，不是看行人车马，而是在心里想着：是不是我将来一个人也可以走得很远？

事实是，她这一走，再也没有停下，直到她31岁那年。

她一生无处落脚，一生不羁，从1927年到1942年，她的脚步遍布哈尔滨、北京、青岛、上海、东京、武汉、临汾、西安、重庆、香港，这些城市无不光鲜亮丽，却都不是家。

这种颠沛流离、流离失所的日子就是她的生活常态，无处安放的不仅是灵魂，还有她的心，她渴望找到一段爱情来安放她的青春。

1932年7月13日的黄昏，萧军和萧红命中相遇。

萧军在老年时这样回忆他们的遇见：“她一张近于圆形的苍白色的脸幅，镶嵌在头发中间。有一双特大的闪亮的眼睛。声音有些受惊了似的微微有些颤抖地问，我们可以谈一谈吗？”

于是，他们谈天说地，探讨文学。谈论爱的哲学，促狭的空间一下被这些天马行空般的语言充实了。萧军看到萧红画的画，也看到她写的小诗：

去年的五月

正是我在北平吃青杏的时节

今年的五月

我生活的痛苦

真是有如青杏般的滋味

这些文字，让萧军有些讶异，眼前这个女子蓬头垢面又身怀六甲，她的笔下却有如此至美的诗句，如此美妙的意境。

萧红不曾料想到，自己向《国际协报》发出的求助信，却让她得到了爱情的救赎，彼时，她已遇到过两个负心的男子。第一个是表哥陆振舜，萧红将自己全身心依附于他，而他却畏惧于那个严苛的封建家庭，选择背弃她。

另一个是汪恩甲，他是家里为萧红选择的未婚夫。一开始，萧红奋力反对这门包办婚姻，然而在她走投无路逃往北平的时候，旧情不断的汪恩甲也追到了北平，两人相互取暖，走到了一起。但这段感情并没有修成正果，因为背负着巨额的欠款，汪恩甲最终选择将大着肚子的萧红留在旅馆，独自离开了……

萧红在短篇小说《弃儿》中写了这段经历："七个月了，共欠了（旅馆）400多块钱。王先生是不能回来的。男人不在，（旅馆的老板）自然要向女人算账……"

这一段其实是萧红自己的真实写照。她有点过怕了这种朝不保夕的生活，她渴望着自己的黄金时代，这时，萧军出现了，那是一个可以和她在文学世界里一起漫步的人，他们有彼此才能懂得的柔情。

比起前两个男子，萧军给她的不仅是庇佑，还有精神上的依靠和敬仰，她早就读过萧军的文章，十分钦佩。女人对男人的爱情里大抵都是带着一些崇拜的。她用诗来表达对萧军的情感：

我爱诗人又怕害了诗人

因为诗人的心

是那么的美丽

水一般地，

花一般地，

我只是舍不得摧残它。

但又怕别人摧残，

那么我何妨爱。

逃出旅馆后，萧红被萧军送往医院待产，孩子刚出生便被抱走了。这是她自己的意思，她想和萧军有个新的开始。

他们一度无处落脚，两人一起寄住在裴馨园的家里。可是这种寄人篱下的滋味，萧红受不住，更别说那个有点大男子主义的萧军了。寄住的难堪、经济的窘迫和邻居间的冷眼相望，都让他们一度深深绝望。

为了不增添主人的烦扰，她和萧军经常很早就起床，一整天在大街上闲逛。

离开裴家后，他们在一家旅馆找到了暂时歇脚的地方。这段时光是贫穷而幸福的，萧红将这一段时光称为：没有青春只有贫困的生活。

在她的小说《商市街》里，萧红对这段充满了饥饿、寒冷、窘迫的经历有详细的描写，他们用脸盆喝水，租不起铺盖，只在冰冷的床板上睡觉。这所有的一切都让她想与世界为敌。

他们如此的落魄，每天的头等大事就是解决生存问题——食物。她写到这些，笔下是遏制不住的辛酸，他们一起吃面包蘸盐，一起守着最后的一点力气来过活。就是在这样的困境之下，他们还是彼此安慰，一起坚持写作。1933年，萧军与萧红在相恋后出版了第一部小说散文合集《跋涉》。1934年11月，“二萧”到上海，得到鲁迅亲自指导，参加了《海燕》和《作家》等杂志的编辑工作。

他们的日子渐渐丰盛起来，但他们的爱情却枯萎了。

在萧红和萧军讨论爱的哲学时，萧军说：“爱便爱，不爱便丢开，丢不开，便任他丢不开。”他的爱情观正和他的爱情行为一样，真是做到了知行合一。他似乎打算丢开萧红，下了决心，在之后的日子里，他甚至出手打过萧红。

后来，在友人的建议下，萧红前往日本。她到日本写给萧军的第一封信里还是对他深深的牵挂：

均：

你的身体这几天怎么样？吃得舒服吗？睡得也好？当我搬房子的时候，我想：你没有来，假若你也来，你一定看到这样的席子就要先在上面打一个滚，是很好的，像住在画的房子里面似的。

在日本，她不断给萧军写信。信里，她描绘着自己的黄金时代，那是一个没有食不果腹的饥饿感的时代，没有流离失所的仓皇感的时代，那是有无限宁静感和安全感的时代，那是最好的时代，也是最坏的时代。

那是在笼子里的安逸舒服，而习惯了为爱奔走和流浪的萧红对此是不习惯的。

“窗上洒满着白月的当儿，我愿意关了灯，坐下来沉默一些时候，就在这沉默中，忽然像有警钟似的来到我的心上：‘这不就是我的黄金时代吗？’”

在东京的时候，萧红的日子是安闲的，她给萧军写了很多信，从1936年至1937年，多达42封信。信中满满的全是她对萧军的担忧和挂念。

萧红曾经对萧军说：我没有文采，只有生活。在她笔下，处在“生死场”里的命如草芥一般的人们，悲壮地走到了抗日前线，这些在浩大的历史洪流中失语的个体，被她的笔一一复活。

萧红最后的岁月，是骆宾基陪伴的。因庸医误诊，错动喉管手术，萧红无法说话了，她只得提笔写下只言片语。根据骆宾基的《萧红小传》记载，萧红临终前在一张纸片上写下她生命的最后文字：

我将与蓝天碧水永处，留得那半部‘红楼’给别人写了……半生尽遭白眼冷遇……身先死，不甘，不甘。

彼时，萧红31岁。她一生虽然短暂，但却像走过人间无数，人生所有的沉浮，她都经历了。也许有人会为她惋惜，可是她自己却说：“逆来顺受，你说我的生命可惜，我自己却不在乎。你看着很危险，我却自以为得意。不得意怎么样？人生是苦多乐少。”

萧红已参透人生苦乐，就像她晚年写的长篇小说《呼兰河传》里的那一声长叹：“人生为了什么，才有这凄凉的夜。生、老、病、死，都没有什么表示。”

煮字为药：

有时候，爱情倒像是一个人的修行。终其一生，萧红所寻觅的不过就是立足之处与安心之所，她一生都在出逃，逃离那个腐朽的家庭、逃离一个粗暴的恋人，就连她生命中最美好的爱情，也逃不出饥寒交迫的贫困。

没有经济基础的爱情如海市蜃楼一般虚无缥缈，终究是经不起时间的检验。共患难时的片刻心安，左不过是片刻而已。

曾因酒醉鞭名马，生怕情多累美人

——郁达夫·王映霞

经历过爱情的人，才能明白它的神奇：它可以穿越生与死，它可以融合冷与热，它可以调和水与火，它也可以催生苦与笑。

多数人痴迷于它的甜蜜，却也有人沉沦在它的苦海里。

郁达夫与王映霞就是这样一对怨偶，他们从相爱的浓情蜜意，走到了相离的恩断情绝。这幕才子佳人的悲剧让多少人唏嘘，明明是花好月圆的开始，怎么不是皆大欢喜的结局呢？

也许，故事的结局早在开头已经写好，只不过人人只看到爱情表面的繁华，没看留意它内里的落寞。

爱情有时仅仅出于一种偶然。

1927年1月14日，新年伊始，在上海马当路尚贤坊40号，郁达夫穿着妻子孙荃从北京寄来的新皮袍登门拜访老朋友孙百刚。在这里，他第一次见到了王映霞。

初遇王映霞，郁达夫便一见倾心。王映霞的美貌正如其芳名，彩霞倒影，碧泽生辉，“远而望之，皎若太阳升朝霞。迫而察之，灼若芙蕖出渌波”。

郁达夫醉心于“杭州第一美女”王映霞的美貌，而王映霞何尝不仰慕郁达夫的才情？王映霞早在学生时代就读过郁达夫的作品，她记得小说《沉沦》里那个有万千哀怨横亘在心中的男子，那个被世界抛却的“零余者”。

初次见面，眼前这位真实的作家让她有种恍如隔世的感觉，这个戴着眼镜文质彬彬的男子，就是那个创造社的大作家？王映霞在当天的日记中这样写道：

“他身材并不高大，乍一看有一些潇洒的风度。一件灰色布面的羊皮袍子，衬上了一双白丝袜子和黑直贡呢鞋子。从留得较长而略向后倒的头发看上去，大约总也因过分的忙碌而好久未剪了，他前额开阔，配上一副小眼镜，颧骨以下，显得格外瘦削。”

两人心里都有些遗憾。还君明珠双泪垂，恨不相逢未嫁时，王映霞已经定了婚约，郁达夫自己也已有家室。

故事也许就要完结，此情只能化作追忆，但郁达夫始终忘不了那个明眸如水的姑娘。他在日记中写道：“我的心被映霞搅乱了，南风大，天气却温和，月明风暖，我真想煞了映霞，不知她是否也在想我，此事当竭力进行，求得和她做一个永久的朋友。”

不见又相思，见了还依旧。最终，他们按捺不住内心狂热的相思，再次相见了。王映霞是个聪明的女子，她提出了婚嫁条件，必须明媒正娶，她要的不仅是属于他们二人的完整世界，更是一种体面的受尊重的生活。对于这样的条件，郁达夫满口答应，他承诺不会辜负她，会让她成为他的妻。

人生自是有情痴，两人抛掷了现实的阻隔，开始了轰轰烈烈的恋爱。郁达夫给王映霞写了很多情诗，其中有一首广为传诵：

朝来风色暗高楼，偕隐名山誓白头。

好事只愁天妒我，为君先买五湖舟。

他写了一封长信给王映霞，希望她可以保存，作他们两人第一次交游的纪念。

“两月以来，我把什么都忘掉。为了你，我情愿把家庭、名誉、地位，甚而生命，也可以丢弃，我的爱你，总算是切而且挚了。我几次对你说，我从没有这样的爱过人，我的爱是无条件的，是可以牺牲一切的，是如猛火电光，非烧尽己身不可的。内心既感到了这样热烈的爱，你试想想看外面可不可以和你同路人一样，长不相见的？”

相比于郁达夫的炽热，王映霞却一度有过退却和犹豫，他们的爱情不被朋友看好，也不被双方父母接受，他迟迟未能和妻子离婚，却又舍不下她。王映霞的态度开始摇摆，尤其是他们的交往成了当时的舆论焦点，她烦不胜烦，也无力应付，于是开始拒绝了郁达夫的约会。

郁达夫在给她的一封长信里作了回应：

“你的苦衷，我未始不晓得。因为你还是一个无瑕的闺女，和男子来往交游，于名誉上有绝大的损失，并且我是一个已婚之人，尤其容易使人误会。所以你就用拒绝我见面的方法，来防止这一层；第二，你年纪还轻，将来总是要结婚的，所以你所希望于我的，就是赶快把我的身子弄得清清爽爽，可以正式的和你举行婚礼。由这两层原因看来，可以知道你所最重视的是名誉，其次是结婚，又其次才是两人中间的爱情。”

王映霞的闪躲给了郁达夫沉重的打击，他有过一段荒唐的时光，终日酗酒，不问世事。但他并未放弃最后的努力，他提起笔，再次写信给王映霞：

“你情愿作一个家庭的奴隶吗？你还是情愿做一个自由的女王？你的生活，尽可以独立，你的自由，绝不可以就这样轻轻地抛弃。”

这封信对王映霞的触动很大，爱情的甜蜜，恋人的蛊惑，她是抵挡不了的。

如果爱情有颜色，这一段人尽皆知的爱情传奇是什么颜色呢？它有浪漫的红色，有明快的黄色，有甜蜜的粉色，却也有沉郁的灰色。相爱的两个人都不可避免地要承担爱情的责任，而郁达夫任性得像个孩子，跑着去追断了线的风筝，常常迷了路，找不到回家的方向。

在郁达夫眼中，爱情超然于万物之上。几纸素笺，红笺小字，说尽无限情意，他的笔承载了他的情。

对于发妻孙荃，郁达夫也是爱过的吧，他曾形容她“荆钗裙布，貌颇不扬，然吐属风流，亦有可取之处”，可见，他对孙荃也是心存爱意的。

他的爱固然热烈，却不忠贞。

郁达夫对女性美的标准有三条：一是外貌，二是品德，三是才华。孙荃虽说是他受了父母之命、媒妁之言才娶为妻子的，但她却满足了郁达夫对女性美的所有要求，三者皆备，所以他并不厌恶她，甚至多有温情，在后来致长兄的信中对她也是赞美不已。但爱情总是不期而至，他毫无防备地迎来了生命中的她——王映霞。

在给王映霞的信里，郁达夫这样描述他的第一次婚姻：

“我逃得无可再逃，避得无可再避，就只好想了一个恶毒的法子出来刁难女家，就是不要行结婚礼，不要用花轿，不要种种仪式。我以为对于头脑很旧的人，这一个法子是很有效力的。哪里知道女家竟承认了我，还是要我结婚，到了七十二变变完的时候，我才走投无路，只能由他们摆布了，所以就糊里糊涂的结了婚。”

鸿雁在云鱼在水，惆怅此情难寄，郁达夫满腔怅然，他觉得“自己大约再无花开的日子里了”，知识他不要，名誉他不要，他要的就是爱情。

王映霞终于还是被郁达夫的执着打动。

1927年6月5日晚，郁达夫和王映霞在杭州聚丰园举行了订婚仪式。直到此时，郁达夫依然没有办妥离婚手续，他草草地给孙荃写了一封信，告知此事。孙荃虽然伤心，却也无可奈何。

这年夏天，郁达夫和王映霞在上海租房安家。1928年春天，两人在西子湖畔举行了婚礼，将他们的婚姻关系公之于世。

他们就这样从爱情踏入了婚姻，大文豪柳亚子特意赠诗郁达夫，称两人是“富春江上神仙侣”。茅檐低小，溪上青青草，醉里吴音相媚，他们的生活一片静好。

在王映霞的帮助下，郁达夫出版了自己的作品集——《寒灰集》。在集子的序言里，郁达夫说是王映霞爱的火焰，复燃了他这堆已经行将熄灭的寒灰。是的，他从《沉沦》里那个“槁木的二十一岁，死灰的二十一岁”的行尸走肉，变成如今幸福的模样，得成比目何辞死，只羡鸳鸯不羡仙。

郁达夫有一篇小说叫《迟桂花》，故事就发生在王映霞的家乡杭州。迟桂花开的晚，香味才更加浓郁，郁达夫以此来比喻爱情：“因为开得迟，所以日子也经得久”。

然而再浓郁的桂花香，也抵不住生活一日复一日的吹打，这对神仙眷侣的感情有了裂痕。两人移居新加坡后，波折不断。

1940年5月，已与郁达夫离婚的王映霞准备离开新加坡回国，这时的王映霞经历了感情波折，性格和观念有了极大的转变，从她晚年一篇名为《郁达夫与我的婚变经过》的文章就能看出，她对郁达夫不够满意。她说，“我想要的是一个安安定定的家，而郁达夫是只能跟他做朋友不能做夫妻。所以同郁达夫最大的分别就是我同他性格不同。……那中间的辛酸，我尝够了。我可以用全生命全人格来担保，我的一生，是决不发生那第二次痛苦了。”

夕阳虽倾城，可是近黄昏，甜蜜的爱情也到了尾声。王映霞曾以为她和郁达夫抬头对望的目光里只隔着一层窗纸，其实，他们之间还隔着千山万水。

或许男人永远不懂女人，郁达夫虽然深爱王映霞，却并不了解她。他在不少诗作中，都把王映霞比作苏东坡的侍妾朝云，他以为这是秀恩爱，却不知道这对王映霞来说是无法言说的伤。

不幸婚姻伤害的并不仅仅是双方当事人，留给孩子的阴影更是一生都不会抹去。

郁达夫和王映霞的儿子郁飞，从小随父母在新加坡读书，是子女中同父母相处最久的，也比较了解父母的婚姻生活。1992年，郁飞接受了媒体采访，当被问及自己眼中的父亲是什么样的人时，他诚恳地说了自己的感受：

“我的父亲是一位拥有明显优点，也有明显缺点的人，他很爱国家，对朋友也很热心，但做人处世过于冲动，以致家庭与生活都搞得很不愉快。他不是什么圣人，只是一名文人，不要美化他，也不要把他丑化。”

情感的创伤给郁达夫留下了深刻的影响，外表上可能细微，内心却有一场海啸。王映霞走后，郁达夫再次沉沦，他写信给她：

“愁听灯前儿辈语，阿娘真个几时归。”

然而这次，王映霞没有回头，或许她是害怕了，那种麻木、冷漠的婚姻状态，那种苦涩的心情，都让她心有余悸。

离开郁达夫之后，王映霞等到了另一段感情。她晚年回忆称：“王映霞和钟贤道像是一场重逢，可未免来得太迟。”

她感慨自己命中的真爱来得太迟，言语中似乎忘了昔日和郁达夫的情谊。她开始了自己的新生活，而郁达夫却在1945年惨遭杀害，享年49岁。

他们的故事早已经结束，她还有新的故事，他却再也没有机会参与了。那一树姗姗来迟的桂花在美丽之后，终于还是走向凋谢，他和她不过是路过的观众，它以后的开与落，和他们再也没有关系。

王映霞晚年回忆："如果没有前一个他（郁达夫），也许没有人知道我的名字，没有人会对我的生活感兴趣；如果没有后一个他（钟贤道），我的后半生也许仍漂泊不定。历史长河的流逝，淌平了我心头的爱和恨，留下的只是深深的怀念。"

煮字为药：

每一段爱情开始之前，彼此都坚定地相信自己的爱情才是独一无二的那份，坚定地相信眼前的他就是自己命中注定的人；谁也不会承认自己最美好最纯粹的爱情同样有着泯没、破碎的可能性。

郁达夫与王映霞初见时，他是翩翩才子，她是绝世佳人，两人眼波如流霞，漾动着满满的柔情和璀璨，于是看不清眼前的人究竟是不是对的人。

谁曾料，一朝为情所苦，一生形同陌路。

人生若只如初见，何事秋风悲画扇。

你来，无论多大的风雨，我去接你

——梁实秋·韩菁清

1974年11月27日，台北华美大厦的远东图书公司，跟随姨夫拜友的韩菁清与前来远东做客的梁实秋初次相逢，一段歌星与教授的伟大爱情悄然拉开序幕。

金风玉露一相逢，便胜却人间无数。这年，他71岁，而她43岁，纵然隔了年华，他们依然相爱了。

韩菁清出生于湖北巨贾之家，是家中独女，备受父兄长辈的宠爱。她自小就深受国学文化的熏陶，多才多艺，15岁就获得“歌星皇后”的桂冠，自编、自演、自唱的作品《我爱的人就是你》获得了金马奖的优秀演员奖。不仅如此，她还精通文墨，23岁时出版了作品《韩菁清小品集》。

在遇到梁实秋之前，她曾有过两段刻骨之恋：一个是相恋八年的泰国银行总裁，因为对方有家室，这段恋情最后无疾而终；另一个是菲籍华裔，两人因性格不合而分手。对于两段恋情，韩菁清在《爱的憧憬》中写道：我实在是没有接受过爱的温暖，由憧憬中告诉我，事实不是我薄情寡义，而是我所遇非人。

花开花落惜亦难，春归人去未归还，东风又把梦吹残。

梦里浮生何时已？孤衾独耐五更寒，泪珠点滴皆心酸。

或许她是对的，她生命中的良人还未真正到来，过去四十多的年华只是“梦里浮生”罢了。

梁实秋则是一个标准意义上的文人，他1903年1月6日生于北京，1923年毕业于清华大学，随后赴美研修英美文学，取得哈佛大学文学学士学位。1926年，梁实秋回国任教于南京东南大学，不久任暨南大学教授，后又在清华大学、北京大学、重庆大学、西南联大等校担任过教授。1946年，他奔赴台湾，任台湾师范大学英语系主任。

梁实秋有过一段完美幸福的婚姻，妻子程季淑出身名门，端庄贤惠，两人相敬如宾，婚后育有二女一子。

可惜天意弄人，在1974年的美国西雅图，梁实秋和妻子到市场购物，临街的一个梯子突然倒下，不偏不倚正落在程季淑身上。因为抢救无效，程季淑离开了人世。

程季淑的去世对梁实秋的打击是沉重的，他特为爱妻写下了《槐园梦忆》一书，以寄托相思悼念之情。《槐园梦忆》由台湾远东图书公司出版，梁实秋同年被出版公司邀请到华美大厦小住，谁也没想到，他的另一段缘分由此展开。

初见韩菁清的梁实秋，惊讶于这位歌星的才情，他可以与她从《诗经》谈论到《国语》，再到书法。

桃之夭夭，其叶菁菁，从此，这位取名自《诗经》的女子渐渐走入了梁实秋的情感世界，渐渐抚平了他心中因亡妻而带来的伤痛。而韩菁清对梁实秋同样抱有好感，她喜欢和他聊天，无话不谈。

她将自己的身世一无遗漏地告诉给了梁实秋，连她自己都不知道这是为了什么。12月6日，梁实秋给韩菁清的信中说："不要说是悬崖，就是火山口，我们也只好拥抱着往下跳。"而韩菁清的回信则说："每天我们在一起，也不知哪里来的那么多话，一开动马达，就不能刹车！"

自此以后，梁实秋开始失眠了，他的脑际总萦绕着韩菁清的影子。每天晚上十点多钟，那是韩菁清进修班下课的时间，他就到电视台门口等她。韩菁清已经意识到梁实秋的用意，在一次会面时，她话里有话地说：“我给你当个红娘吧！”

不料梁实秋却脱口而出：“我爱红娘。”

情爱之美在于朦胧，就像隔着一张窗户纸，彼此含着羞怯和暗喜的心情，等时机成熟，才会双双掀开那层遮面纱。梁实秋察觉到梁箐清的退缩，他选择了直接告白。

梁实秋每天给她写一封信，谈爱情，谈家庭，谈事业，并且还经常聚会，吃饭，逛公园，尽可能地增进两人之间的理解。但是，韩菁清始终犹豫不决，她不是不喜欢他，只是有太多现实的因素：他们相差28岁，他们的身份悬殊太大，他还有儿女。

在火热的爱情面前，再多的难题也黯然失色，梁实秋用自己的热忱和坚持打动了韩菁清。她依然担忧那些难题，但她愿意和他一起面对，一起承担。

1975年1月7日，梁实秋回美国处理妻子索赔事宜。在此以前，他给女儿写信时就提到过韩菁清，但女儿一直没有表态。这次梁实秋回来又详细地介绍了韩菁清的情况，最终得到了女儿的理解。

韩菁清面临的压力更大，社会舆论潮水般地涌向她，但她并没有气馁和退却，反而更加燃起对梁实秋的爱火。她在给梁实秋的信中说："我任性、好胜、好强，是我的弱点，也是我的优点，我任性地爱上了你，我不会轻信别人的闲语，我得到了你整个的心和爱情，就是我好胜好强的表现，不是吗？"

为爱所伤之后，才更懂爱，经历过感情失败的韩菁清决定撇开世俗偏见，和梁实秋携手终老。

她在给梁实秋的信里写道："亲人，我不需要什么，我只要你在我的爱情中愉快而满足地生存许多许多年，我要你亲眼看到我的脸上慢慢地添了一条条皱纹，我的牙一颗颗地慢慢地在摇，你依然如初见我时一样好奇的目光虎视眈眈，那才是爱的真谛，对吗？"

尽管早早就浸淫在娱乐圈这个复杂多变的名利场，但是，这个女子从骨子里依然浪漫深情，她爱上了才子，爱上了才子的爱。

然而公众似乎并不买账，那些生的、熟的、不生不熟的人都来劝阻，他们不相信爱情会发生在年纪相差近三十岁的两个人身上，也不相信一个明星演员会爱上国学大师。

1975年的台湾，因梁实秋和韩菁清的恋爱事件，闹得满城风雨。在大大小小的报纸上，《教授与影星黄昏之恋》这样的新闻标题频频出现，更有媒体挖苦韩菁清为“收尸团”的一员，暗讽她是图谋梁实秋的钱财。梁实秋的朋友则更苛刻，一面指责韩菁清为“烂货”，劝他悬崖勒马；一面给他介绍相配的女性。梁实秋的学生们甚至成立了所谓的“护师团”，强烈阻止这段“一树梨花压海棠”的佳话。

面对铺天盖地的喧嚣，梁实秋不过是淡淡一笑。他说：“我只是一个凡人——我有的是感情，除了感情以外我一无所有。我不想成佛！我不想成圣贤！我只想能永久和我的小娃相爱。人在爱中即是成仙成佛成圣贤！”

1975年3月1日，远在美国的梁实秋十分担心韩菁清，害怕岛内的舆论影响到她的生活，害怕她承受不了这般压力。他特意写信安抚道：“从前婚姻之事由父母做主，不免专制，我没想到如今还有所谓‘朋友’‘舆论’也可以出面横加干涉！”“我们赶快结婚，一切人的心即可结束，以后我们的幸福生活是对他们的关心之事实的报答。”

疯狂的舆论使两人更加坚定了执子之手、与之偕老的信心和勇气。韩菁清越来越清楚地知道，历史是人家的，传奇是人家的，世间嘈杂的耳语，不过是他人自说自话的意淫。

她不需要理会流言，也不需要在意诋毁，她要做的，就是听从自己内心的召唤，把爱情进行到底！

1975年3月30日，从美国返回台北的梁实秋与翘首以盼的韩菁清悄悄地结婚了。虽然相识只有半年，但是他们共同经历了舆论的疾风骤雨，共同担负着打了道德旗号的“关心者”们的指责，可谓是患难夫妻，彼此心意相通。

他们都是勇士，就像小王子，顽固地守着那朵爱情的玫瑰。5月9日，两人补办了婚礼，新房就设在韩菁清家。论起经济收入，韩菁清从来就没有缺过钱，她唱歌一晚上的收入就要比梁教授一个月的工资高。

当天晚上，高度近视的新郎官因不熟悉环境，没留心撞到了墙上。新娘子立即上前将新郎抱起。梁实秋笑道：这下你成“举人”了。

新娘也风趣地回答说：“你比我强，既是“进士”（谐音近视），又是状元（谐音撞垣）。”两人相视大笑。

梁实秋喜欢叫韩菁清“小亲亲”，韩菁清还借谐音作诗一首：

你说你不爱花儿，因为花儿太艳丽，且难以抵抗那芬芳扑鼻。

你说你不爱鸟儿，因为鸟儿太调皮，整天吱喳教人不能休息。

你却在我耳边细语：你爱树、爱叶，也爱草地，甚至于田原旷野也都如你意。

我问你：为什么？你说你爱的是那一片青青，青青，青青。

眼底，心底——青，青，青青。

路远，路近——青，青，青青。

充满人间天上——全是青，青，青青。

才子配佳人，真真是佳话。婚后，两人的生活习惯是天差地别：梁实秋是早睡早起，每晚九点准时上床休息，早晨五点起床散步、写作。而韩菁清却是晚睡晚起，出名的夜猫子。梁实秋著书立说，喜欢清静；而韩菁清则善交际，喜欢人来人往。

不过，他们很快就适应了彼此，相互尊重，从不因生活习惯的不同而闹别扭。

每天早上，梁实秋起床后，就去散散步，喝点豆浆，吃点油条，然后买点食材回家给韩菁清做午饭。韩菁清还熟睡着，他就潜心写作。到了下午，俩人要么共度两人时光，要么在家会客，或者是外出访友和参加活动。

有一次，韩菁清的“夜猫子”朋友来家里做客，晚上刚过九点，梁实秋就准备去休息了。这时，菁清的朋友打趣道：“梁先生，这么早就睡啦，不如跟我们一起去吃夜宵吧！”

梁实秋不慌不忙地回答道：“你敢请我吃夜宵，我就敢请你吃早点。”梁先生的幽默可见一斑。

多才多艺的韩菁清还有一手好厨艺，每晚临睡前，韩菁清会细心地在电锅里炖上鸡汤，隔天再加入排骨、冬菇、虾米和白菜等丰富配料，让梁实秋一起床就能品尝到齿颊留香的浓郁滋味。

婚后，梁实秋心宽体胖，八个月体重上升五公斤；外界也注意到，原本搁笔已久的梁实秋又开始了创作。他每天上午专心读书、写作，一天写五千字。1979年6月梁实秋写完了《英国文学史》和《英国文学选》。

这里有韩菁清的功劳。为了使他劳逸结合，她教会了74岁的丈夫跳舞，每每月华如水，两人相拥翩翩起舞。

她做什么他都喜欢，她穿什么他都觉得漂亮，尽管日日相见，两人依然情书往返。他们给彼此取了昵称“秋秋”

和“清清”，频繁地给对方写信，内容五花八门，有思念至心神不宁唯有写信的，有谈家中琐事的，有关于日程妥帖安排的——因了梁实秋生花的妙笔，这些平凡的内容也变得甜蜜。是的，寻常一样窗前月，才有梅花便不同。

只求现世安稳，愿使岁月静好，他们的生活真正做到了这点。此时，流言蜚语已散去，唯有真爱仍进行。

两人相守十年之际，梁先生深情地向他的亲亲表白：“我首先告诉你，自从十年前在华美一晤，我就爱你，到如今进入第十个年头，我依然爱你。十年来你对我的爱，对我所作的牺牲，我十分感激你。菁清，愿你幸福长寿！”

如果说，两人婚后的前几年，是一种相知相守，那么最后八九年时光，对于韩菁清来说，确实称得上是一种“牺牲”。

逐渐靠近80高龄的梁先生，患有糖尿病，听力不好。为了照顾他，韩菁清费尽心思，饮食上她亲力亲为，尽量做到清淡少甜；家里的通信设备也都按照梁实秋的需要进行特殊改造，她努力地为梁先生营造一个温柔舒适的家。

这场老少配的爱情注定伤感，年长近30年的梁实秋最终先韩菁清而去。那是1987年11月2日，台湾开放民众赴内地探亲，久久盼望这一天的梁实秋却因为心脏病突发，于11月3日静静地离开了人世。

弥留之际，他拼尽全身力气喊出的最后一句话是："清清，我对不起你，怕是不能陪你了！"

他的遗憾举世皆知，她能懂，亦能体谅。

"突然，就想起了你；我们老了之后，还能听到你说爱我，我就知足了；如果我有一天先走了，请在心里告诉我，你爱我；我会听到的；于是，我会笑着离开，我会在奈何桥下等你；如果你有一天先走了，我会把这一生的故事，焚在你坟前；既然我不能陪你同行，就让回忆陪了你，在奈何桥下等我。"

这是梁实秋在《雅居情书》里，写给他的韩菁清的一段诗，他早早地在脑海中预演过两人生离死别的场景，他要在生前就做一个约定，约好在奈何桥下等着对方。

梁先生对待生离死别并不悲观，他曾鼓励韩菁清去经营她自己的兴趣爱好，因为他知道，终有一天，他们都会面临独自生活的境地，或他或她，有一些爱好，方不至于让时间难熬，也不至于常常睹物思人。

这是他乐观的人生态度，也是爱到深处的体贴。

1994年，年仅63岁的韩菁清在独自继续走过7个春秋之后，溘然离世。或许她始终惦记着那个奈何桥的约定，仅仅七年，她就追随去了，这段旷世的忘年之恋静静地画上了一个句号。

离世之前，韩菁清不断奔走，致力于《梁实秋论文学》一书的出版，尽管这个愿望没能实现，但足以表明她对丈夫的一番心意。

喜与悲，离与合，这都是常态，才子与佳人虽离去，美好的故事却会悠远流传。

煮字为药：

情不知所起，一往而深。

爱情最伟大的地方正在于它可以跨越世间种种差异，种族、年纪、地位乃至生死，在爱情面前不过都是云淡风轻。只要彼此真心相对，心灵的喜悦的宁静便是永恒的主旋律，无法向外人道。好的爱情总是有超乎想象的魔力，让人眼睛里放出光来，让人因此热爱整个世界，让人重获新生。

从今往后，咱们只有死别，再无生离

——钱锺书·杨绛

钱锺书和杨绛的爱情，始于一见钟情的心动，终于相濡以沫的白首，堪称世间恩爱夫妻的典范。

冥冥之中，似有天意。从高中开始，杨绛就一心要考清华大学，碰巧那时清华在南方没有名额。

1932年，就读东吴大学的杨绛因为学潮停课，她拿到了美国韦尔斯利女子大学的奖学金，但她毅然放弃了这个机会，选择北上，去心心念念的清华大学做一个旁听生。

在清华大学里，钱锺书早已是赫赫有名的大才子，博学、聪慧、神秘，而身材窈窕、面容娇俏的杨绛同样小有声名，她的温柔聪慧让无数男生爱慕。一个是腹有诗书气自华的翩翩才子，一个是出水芙蓉般清纯的娇美佳人，月老悄悄地为两人系上了红线，不管山南还是水北，不管苏州还是北平，她千里迢迢地为他而来，奔赴一场爱情。

知道杨绛恋情的母亲开玩笑地说：“阿季脚上拴着月下老人的红绳呢，所以心心念念只想考清华。”

草长莺飞的三月，在清华古月堂的门口，两人终于遇见了。钱锺书戴着一副老式大眼镜、穿的是件青布大褂、一双毛布底的鞋，并没有没有传闻中的风度翩然，但杨绛却一见倾心，她暗赞他“蔚然而有深秀”。

有的时候，人和人的缘分，一面就足够了，因为他就是你前世的人。两人从家乡聊到文学，不着边际，但却默契十足，慢慢地，杨绛为钱锺书知识的渊博和诙谐的语言倾倒，只觉得在那聊天中，满是柔软和舒畅。

爱情在男人身上的第一个体现是胆怯，在女人身上则是勇敢。

才子佳人从来不缺故事，钱锺书和杨绛都是学校的风云人物，沸沸扬扬的传闻自然少不了，他们原先是不在意的，谁说了些什么，或又传到哪里，这都无关紧要。可是遇到她，他忽然紧张了，担心她误会；她也惶恐了，唯恐任何微小的传闻造成伤害，唯恐任何细小的沙粒损害爱情。

钱锺书急切地澄清说：“外界传说我已经订婚，这不是事实，请你不要相信。”

杨绛也急忙解释：“坊间传闻追求我的男孩子有孔门弟子‘七十二人’之多，也有人说费孝通是我的男朋友，这也不是事实。”

语未多，情已深，他们相视一笑，爱情便来了。从此，她就是他的幸福，他是他一生的欢喜。

清华园是读书的好地方，也是恋爱的好地方。明月夜，蔷薇丛，花香相随着书香，他们携手散步，或畅谈文艺，或闲聊琐事，或呢喃私语，不管说什么，空气里总浮动着甜蜜的味道。

夜里的风吹过来，翻动手里的书页，也拨动了两个年轻人的心弦。

朝夕相处自是人间乐事，但偶尔的离愁别绪更让感情升温。等到学校放暑假，钱锺书和杨绛不得不分开，两人只能鸿雁传书，文字传情，在纸上用笔墨才情谈情说爱。

壬申年秋抄杂诗三首

一

缠绵悱恻好文章，恋香凄足断肠。

答报情痴无别物，酸一把泪千行。

依穰小妹剧关心，瓣多情一往深。

别后经时无只字，然惜墨抵兼金。

二

良宵苦被睡相谩，猎风声测测寒。

如此星辰如此月，谁指点与谁看。

困人节气奈何天，煞衾函梦不圆。

苦雨泼寒宵似水，虫声里怯孤眠。

三

著甚来由又黯然？灯昏茶冷绪相牵。

春阳歌曲秋声赋，光景无多复一年。

海客谈瀛路渺漫，罡风弱水到应难。

巫山已似神山远，青鸟辛勤枉探看。

这三首诗是钱锺书为杨绛所写，于1933年12月1日刊登在《国风》半月刊上，字里行间全是他对她浓浓的思念。钱锺书写道：“远道栖迟，深秋寥落，然据梧，悲哉为气；抚序增喟，即事漫与，略不诠次，随得随书，聊至言叹不足之意。欧阳子曰：‘此秋生也！’”

自古逢秋多寂寥，更何况，所爱隔山海，相思难耐。

文人的恋情总是充满了诗情画意，那些辗转反侧的夜晚都化作了笔尖的诗，钱锺书也不例外，这个清华大才子的文学天赋，用在谈情说爱上同样惊艳。

1934年春，钱锺书从上海出发，一路北上，前往清华看望爱人及众师友。沿途美丽的景致让他诗兴大发，作诗二十二首，题名《北游纪事诗》，其中当然不乏情诗。

他与杨绛久别即将重逢，自是感慨万千，恨不能立马相见，当面倾诉相思之情。

有地卓锥谢故人，行尘乍涣梁京尘。

如何欲话经时别，缺舌南蛮意未伸。

他藏了许多的话，要对她倾诉，见了面，却又觉得无从说起，或者也觉得不必再说。两心相惜，两情相通，他们有一股天然的默契，只需眼神，便已懂得，语言似乎是多余的。

两人私下书信频繁，难免会有疏漏的时候。有一回，杨绛的回信不小心落在了钱锺书父亲钱基博先生的手里。家长关心子女，也好打探隐私来监督，便悄悄拆开了信件，阅读起来。传统观念极强的父亲发现儿子的自由恋爱后没有大发雷霆，反倒是喜不自禁，一直笑呵呵地说这是可遇不可求的贤内助。原来杨绛在信中说道“现在吾两人快乐无用，须两家父母兄弟皆大欢喜，吾两人之快乐乃彻始彻终不受障碍”，这句话说到钱父的心坎上了，直夸杨绛“此诚聪明人语！”

钱父同意了两人的交往，杨绛如此聪慧，深得他心，况且杨、钱两家都是江南的书香世家，堪称门当户对。

两人的恋情就这样在家人面前公开了，双方家长乐见其成，钱父更是积极着手两人的订婚事宜。因为钱锺书要出国深造，杨绛也随同前往，于是，他们在出国前办了婚事。

钱锺书在《围城》里有句家喻户晓的话：“围在城里的人想逃出来，城外的人想冲进去。”这道尽了多少男女的心声，却偏偏不适用于作者本人，他和杨绛1932年相识，1935年牵手走进婚姻，两人从未想过逃离，乐在其中。

有人说，是杨绛的爱让钱锺书思如泉涌，充满创作热情；也有人说，正因为有杨绛的相伴相知，钱锺书才格外文思敏捷诙谐风趣。事实上他们是相互成就，相得益彰，就像一枝绽放的梅花和一只上好的青花瓷瓶，彼此相配，也是绝配。

钱锺书本就读书万卷，下笔有神，他的气度和才情造成了他的赫赫声名，那是在遇见杨绛之前。但是他笔下的柔情婉转和细腻缠绵，却是来自于杨绛。当文采斐然的钱锺书为杨绛写诗，笔下不再有犀利和讽刺，只有满篇的文采与柔情。

不寐从此戒除寐词矣

销损虚堂一夜眠，拼将无梦到君边。
除蛇深草钩难着，御寇颓垣守不坚。
如发篦梳终历乱，似丝剑断尚缠绵。
风怀若解添霜鬓，明镜明朝白满颠。

这是钱锺书的得意之作，写于1939年，用情至深，对象自然是杨绛。

用佛学典故和宋明理学家语作的情诗，前无古人，可能也后无来者。“除蛇深草钩难着”，化用了佛遗教经说法，毒蛇睡在人心中，只有早早持戒勾除才得以安眠。而下一句“御寇颓垣守不坚”则化用了宋代二程（程颢和程颐）语录，意为心中的城堡被爱的神箭攻破，无法把守。

用玄远的佛学典故和艰涩的理学家语表达自己绵延不绝

的情思，钱锺书确实是第一人，这固然难得，更难得的是杨绛亦能懂。

相思入骨，如患顽疾，余生都辗转难安。

钱锺书对杨绛便是如此，就像蛇入深草，蜿蜒动荡却又捉摸不透；又像是坚守的城堡轻而易举地被爱神的弓箭攻破，无法自持。

佛家讲“色即是空，空即是色”，讲究禁欲，宋明理学家也有类似的主张，“存天理，灭人欲”。但是钱锺书却背道而驰，反用其宗旨，他毫不掩饰对她的情意，让原本讲究禁欲的佛学理论和宋明理学来为他表白，既狂傲又张扬。

这样的钱锺书不像一个文化大儒，更像一个率性的孩童，被热恋冲昏了头脑，毫无顾忌地向爱人表明心迹，直白而情深。

胡河清曾赞叹道：“钱锺书、杨绛伉俪，可说是当代文学中的一双名剑。钱锺书如英气流动之雄健，常常出匣自鸣，语惊天下；杨绛则如青光含藏之雌剑，大智若愚，不显刀刃。”

杨绛虽然不似钱锺书那般文思泉涌，但是也是一代才女。

1942年底，杨绛创作的话剧《称心如意》在金都大戏院上演后，迅速走红，一鸣惊人。杨绛成了远近闻名的“杨绛先生”，看着妻子的成功，钱锺书也有些技痒，决定写一部小说。

杨绛听后大为高兴，催促他赶紧写。为了全力支持丈夫写作，也为了补贴家用，她辞退女佣，自己洗衣做饭，“卷袖围裙为君忙，朝朝洗手做羹汤”。曾经十指不沾阳春水的富家小姐，如今家里家外的操劳，钱锺书心里愧疚不已，但更多的是对爱妻的珍爱与感激。

两年后，《围城》终于完成。钱锺书在《围城》序中说道：“这本书整整写了两年。两年里忧世伤生，屡想中止。由于杨绛女士不断的督促，替我挡了许多事，省出时间来，得以锱铢积累地写完。照例这本书该献给她。”

围绕这本书的争议从来就没有断过，有人说钱锺书是杜撰了一批知识分子形象；也有人说他在讽刺现实中的某些文人；还有人暗自把主人公和钱锺书联系在一起，拿小说中的情节攻讦他。不管外人如何看，杨绛却始终淡然，对她来说，这本书既是他们的现实生活，也是他们爱情的结晶。

《围城》是献给杨绛的，随着书的一版再版，他对她的深厚情谊也广为人知，合情合理且光明正大，那段艰难岁月中相濡以沫的真情也被传为佳话。

赠绛

卷袖围裙为君忙，朝朝洗手做羹汤。

忧卿烟火熏颜色，欲觅仙人辟谷方。

杨绛不仅是最才的女，也是最贤的妻，即使自己在翻译和文学上也造诣匪浅，但她万事皆以钱锺书为先。

钱锺书在文史哲领域天赋异禀、得心应手，但生活中却不谙世事，尤其不喜欢搭理人情世故。多亏了杨绛这个润滑剂，她从中斡旋，替去纷扰，才让他得以安然地读书、写文、做学问。即便是在上海沦陷区，面对日本人突然的上门搜查，她也泰然与之周旋。

她第一时间不是害怕，而是藏好了钱锺书《管锥篇》等文字的手稿，然后急忙让人通知钱锺书暂时不要回来。正是这份镇静和胆识，杨绛才能在战时保全了 钱锺书的那些鸿篇巨制，也保全了他的孩子气和天真。

细数民国那些大师，应该再找不到第二个人像钱锺书这样孩子气。他曾经养了一只猫，邻居林徽因家里也有一只猫，两个小家伙常常打架，钱锺书不免要护短，做了专门的杆子帮猫打架。杨绛连忙劝道，那只猫是林徽因全家“爱的焦点”，“打狗要看主人面，那么打猫要看主妇面了”。钱锺书却不以为意，就算是大冬天，听到猫儿呼叫，他立刻钻出热被窝，既可爱又好笑。

1946年，钱锺书出版了短篇小说集《人·兽·鬼》。在自留的样书上，钱锺书写下了这样的情话：“赠予杨绛，绝无仅有的结合了各不相容的三者：妻子、情人、朋友。”

在钱锺书眼中，杨绛满足了他的一切精神上的需求，有妻子的温柔体贴，有情人的浪漫风情，有朋友的志同道合。得此良人，如凤毛麟角，可遇不可求，钱锺书和杨绛彼此都珍惜而知足。

杨绛曾经读到一个英国作家的访谈：“我见到她之前，从未想到要结婚；我娶了她几十年，从未后悔娶她；也未想过要娶别的女人。”她将它念给钱锺书听，他当即回道，“我和他一样”，杨绛笑回，“我也一样”。

爱情里不只是甜蜜，也有苦难。“文革”来临时，他们先后都被下放，开始干校生活。钱锺书被派作专职通讯员，每日收取信件时，他总能路过杨绛待的菜园子，这时他会停下脚步，远远地看上一眼。

他们开始通信，忙里偷闲，断断续续，想到哪就写到哪。有杂感，有趣闻，当然也有情话，细细地说着对方不在的日子里自己的生活。

偶见二十六年前为绛所书诗册、电谢波流似三首：

一

少年情事宛留痕，触拨时时梦一温。

秋月春风闲坐立，懊侬欢子看销魂。

二

弄翰然脂咏玉台，青编粉指更勤开。

偏生怪我耽书癖，忘却身为女秀才。

三

黄绢无词夸幼妇，朱弦有曲为佳人。

繙书赌茗相随老，安稳坚牢祝此身。

他对她所有的爱意、感激、欣赏和怜惜都藏在了字里行间，风风雨雨，酸甜苦辣，他们始终一路同行。

她为他包揽了一些琐事，翻墙爬窗，生儿育女；她也为他带来所有的诗意，红袖添香，吹长箫，弹月琴，唱昆曲。他们熬过了抗战，熬过了“文革”，熬过了病痛和灾难，最后迎来生死离别。

钱锺书将杨绛作为自己幸福的一切理由，相同地，杨绛的所有考虑也是以夫为先。钱锺书病重住院时，杨绛祈求自己能够比他多活一年，这样自己可以好好照顾他。她说，虽然走在后面的人更难受，但“照顾人，男不如女”。

即使是死亡这样不可选择的事情，杨绛也希求可以尽量地照顾钱锺书。

1997年，钱锺书与杨绛的女儿阿瑗去世了。第二年的岁末，钱锺书也去世了。

杨绛悲伤地写道：“我三人就此失散了。就这么轻易失散了。现在只剩下了我一人。我清醒地看到以前当作‘我们家’的寓所，只是旅途上的客栈而已。家在哪里，我不知道。我还在寻觅归途。”

虽然杨绛也想“逃”，但即使此时孑然一身，她依旧还是那个“最贤的妻”，依然还惦记着他未完的事业。杨绛说：“我压根儿不能逃，得留在人世间，打扫现场，尽我应尽的责任。”她以全家三人的名义，在清华大学设立了“好读书”奖学金，将稿费和版税高达八百多万元全部捐赠，到2014年捐款已累计一千多万元。

此外，钱锺书留下了几麻袋的书稿和笔记，杨绛也都整理得井井有条，并出版了一套《钱锺书手稿集·中文笔记》。

2016年5月25日凌晨，著名女作家、文学翻译家和外国文学研究家、钱锺书夫人杨绛在北京病逝，享年105岁。

“我们仨”终可以在天堂团聚了。

煮字成药：

好的爱情莫过于相知。钱锺书和杨绛是同一类人，他们热爱文学，热爱生活，他们是天生的创作者，两个人一见倾心，在漫长的岁月里总是有聊不完的话题。

从芳华正好到白头蹒跚，从来没有人动摇过初心，从来没有人怀疑过这份爱情。

正因如此，我们才会对爱情充满期盼，才会知道白头偕老不是虚构的传说，我向往爱情，因为它本就应该是如此完美的模样。

花开花落两由之

——鲁迅·许广平

任谁也想象不到，一向以横眉冷目著称的鲁迅先生，也会有百炼钢化绕指柔的时候，在爱情面前细腻而温柔。

在他的笔下，她成了他的小刺猬；在她的眼里，他就是她的小白象。

因为一本《两地书》，鲁迅与许广平缠绵的故事得以昭告天下。

1898年的广东番禺，一个没落的士大夫家族之中，许家女儿出生了。广平之名寓意了某种愿望，在充满传统意味的旧式家族里，这个美丽的小姑娘从小就彰显出与众不同的资质。

20世纪风云迭起，正是新旧交替的时代。五四运动爆发时，许广平才21岁，她积极投身运动，出任天津爱国同志会会刊《醒世周刊》的编辑，打起了女性解放的旗帜。

这场如火如荼的运动点燃了许广平那颗年轻的心，她积极地关注革命，这时，一个伟岸的身影悄然走进少女的视线。

鲁迅是闻名天下的大师，许广平早已听闻过这位战斗者的响亮名号，他的文章、他的为人以及他的人生，都在她的心灵上留下了烙印。

那时候，她只当他是偶像，只当他是远在天边飘浮的云彩，是一个可望而不可即的存在。但命运就是如此神秘，人与人的缘分不可捉摸，因为一个偶然的契机，他们的距离拉近了。

那是1923年的春天，也是许广平考进北平女子高等师范学校（1924年改名为北京女子师范大学）的第二年，鲁迅在好友许寿裳的邀约之下，来这里讲学，于是，他们以师生的身份见面了。

情人初见，是记忆里最难磨灭的画面，有意外，有期待，有忐忑，也有悸动。

鲁迅给许广平留下了深刻的印象，她后来回忆："突然，一个黑影子投进教室来了，首先惹人注意的便是他那大约有两寸长的头发，粗而且硬，笔挺的竖立着，真当得‘怒发冲冠’的一个‘冲’字。一向以为这句话有点夸大，看到了这，也就恍然大悟了……讲授功课，在迅速的进行。人们不知为什么全都肃然了。没有一个人逃课，也没有一个人在听讲之外，拿出什么东西来偷偷做。钟声刚止，还来不及包围着请教，人不见了，那真是‘神龙见首不见尾’。许久许久，同学们醒过来了，那是初春的和风，新从冰冷的世间吹拂着人们，阴森森中感到一丝丝的暖气。不约而同的大家吐了一口气回转过来了。”

许广平不算是出众的美人，坐在教室里的第一排，也没有引起鲁迅过多的注意。这是一场爱情的游戏，许广平在明处，而鲁迅在暗处，她有充分的时间和机会来审视他，然后再做出决定。

女孩在爱情里总有一点小聪明，狡黠里透着甜蜜。

鲁迅十分平易近人，可脸上却带有一种天然的严峻感，他上课时候倒很亲切和幽默，可那张脸似乎从来不笑，学生们还是时不时地感到紧张。偏偏许广平却不怕他，她总是能从这位大人物背后观察出些许不一样的东西，在看似冷酷而严肃的外表下读到几分亲切与纯真。

许广平是学生中最“淘气”和“放肆”的一个。她常常对着这新先生提问题，有时候也在课堂上勇敢地和他“针锋相对”，渐渐地，鲁迅对她有了深刻的影响，几次称赞她谦虚好学，勤于动脑。

这个有才气的女学生，不知不觉地让他有了好感。

爱情并不是恰逢其时的缘分，而是一次又一次的选择，在错误里尝到甜与苦，在跌跌撞撞里找到方向。这个道理尤其适用于许广平和鲁迅，他们都有过一段失败的感情。

在认识鲁迅之前，许广平有过一段短暂而深刻的恋爱，对方叫李小辉，既是表亲又是同乡。不管是外貌、家世，还是学历、兴趣，他们处处显着郎才女貌的登对。然而命运弄人，原本起源于许广平身上的一场猩红热却意外地传染给了李小辉，她病愈后不久，李小辉却因此过世。

恋人生命的消逝伴随着初恋失败的打击，成了许广平生命中一段不可弥合的伤痛，它几乎要摧毁了一个少女纯净的心。

鲁迅的情况则更严峻，谁也想不到，这个名声显赫的文化大师，因为一桩包办婚姻而痛苦不堪。早在1906年，因为母亲不顾一切的强硬撮合，鲁迅娶了乡下女子朱安，他们没有任何感情，他甚至不肯和她同房。这场婚姻如同难以启齿的隐疾，时时刻刻地折磨着他；又如同一条无形而冰冷的枷锁，牢牢地捆绑着他的前半段生命，也捆绑住了希望和幸福。

不管鲁迅在人前有多么的理智而决绝，但他始终没有勇气来反抗这桩错误的婚姻，不，他试图反抗过，但无济于事。他的母亲顽固而执着，一心只认朱安做媳妇，而朱安亦是无辜，勤勤恳恳地操持家务，照顾老小，他只能牺牲自己一生的幸福，来维持让所有人都尚且平衡的局面。

他没有苛待朱安，但他不爱她，在孝子鲁迅看来，这是母亲给他的“礼物”，只能好好地供养着，爱情是他所不知道的。如果没有许广平，或许他这一生都只能将就了，但他偏偏遇到了这只小刺猬。

那一年，鲁迅44岁，许广平27岁，年龄的差距却没能阻挡爱情的降临。1925年，两人开始了一场由精神生发出的爱情之旅。

许广平与鲁迅的第一封信，是从一次师生之间的思想交流开始的。

彼时，许广平正面临着毕业，动荡的社会和残酷的现实让她迷茫了。在好友林卓凤的鼓励下，许广平鼓足了勇气，提笔写下了给这位亲切而有些陌生的老师的第一封信：

“现在执笔写信给你的，是一个受了你快要两年的教训，是每星期翘盼着稀有的，每星期三十多点钟中一点钟小说史听课的，是当你授课时坐在头一排的坐位，每每忘形地直率地凭其相同的刚决的言语，在听讲时好发言的一个小学生。他有许多怀疑而愤懑不平的久蓄于中的话，这时许是按抑不住了罢，所以向先生陈诉。”

信寄出之后，许广平第一次紧张到辗转反侧，望着白茫茫的天花板，她感觉自己的心犹如一团乱草。她想象着这封信如何进入邮递员的手里，想象着鲁迅打开信的情景，想象着他是否会为自己过于直接的措辞而介意。对于时局的堪忧、对社会的担当、对未来的迷茫、对光明的向往都藏着这封信里，她不仅是一个虚心求教的学生，也是一个细腻敏感而又无助的少女。在信的末尾，她小心翼翼地署名：“谨受教的一个小学生许广平”，她希望鲁迅先生能从中感受到自己的谦逊。

一天之后的清早，鲁迅的回信就飘然而至。当许广平迫不及待地展开信件之后，她立马被那个独特的称谓吸引了——广平兄。

在自己心中高不可攀的师长鲁迅先生，竟然如此亲切唤作自己“广平兄”，少女心中的小鹿开始怦怦乱撞。

她怀着激动而好奇的心情往下读，细心地鲁迅竟然将信中的问题一一解答，谈学校与学风，谈女性与自力，谈女性的独立，谈人生的长途与社会的战斗，谈苦闷的方法。

等到许广平将视线移到最后的署名处时，她这才发现，鲁迅先生的落款日期是“三月十一日”，而正是与自己发信的同一天，他是一收到信就立马回复了。

许广平忽然感觉到莫大的幸福，知音难得，一种被认可的欣喜让她忍不住提笔写了第二封信。信的开头，她好奇地询问鲁迅笔下“广平兄”三字的含义。

鲁迅耐心地讲解“兄”字之源：“旧日或近来所认识的朋友，旧同学而至今还在来往的，直接听讲的学生，写信的时候我都称‘兄’。其余较为生疏、较需客气的，就称先生，老爷，太太，少爷，小姐，大人……之类。”

他娓娓道来，态度亲切，评论时事，也指点江山，言语中丝毫没有轻看小自己17岁的学生许广平。他们是平等独立的，这样的感觉给了许广平莫大的勇气，她写了一封又一封的信，而他也一封接一封地回。

感情的发生是无声无息的，也是潜移默化的，谁也说不清是从哪一封信开始，等到双方察觉时，一种微妙的情愫已然浮现在文字里。

当时北京城一封信需要邮递三天，而他们一月来往十二封信，这已经是十分密切的来往了。到了4月12日，许广平相约林卓凤一起拜访了鲁迅先生的家，那个位于西三条胡同里的四合院。

走进院子，正屋三间坐北朝南，迎面的一间是全家人一起吃饭以及会客之地。后面向北延伸是十平方米左右的灰棚，就是鲁迅先生的书房兼卧室。女工引着两人来到鲁迅的书房，远远地就听到屋内传出清爽的笑声。在平顶灰棚的北面，大部分都是玻璃窗，走进屋里便看到窗下简易搭制的单人床，靠床的东面是摞起的几只旧箱子，目光扫下来，便是旧写字桌、旧藤椅和堆满了各式各样书的书架。

最引人注目的是墙上挂起的各种画：写字桌上面的墙上，挂着一张藤野先生（日本人）和一张安特莱夫（俄国人）的照片，想必这两位是对鲁迅至关重要的记忆；而箱子上面的墙上，挂着司徒乔的素描炭画《五个警察和一个O》（O是孕妇的代号）。

茶几和木椅上的墙上是一幅水彩画，一幅图书封面画，一副对联：“望崦嵫而勿迫，恐鹈鴂之先鸣”。放眼望去，曾无数次想象过的鲁迅神秘工作室终于揭开了它的面纱，这确实是一个充满了艺术气息的学者之屋。

这次的见面让鲁迅与许广平的关系更进一步，两人从书信往来开始真正走入彼此的生活。在许广平接下来的信件里，她明显更加自由和亲密：

“‘秘密窝’居然探险过了！归来的印象，觉得在熄灭了的红血的灯光，而默坐在那间全部的一面满镶玻璃的室中时，偶然出神地听听雨声的滴答，看看月光的幽寂；在枣树发叶结果的时候，领略它风动叶声的沙沙和打下来熟枣的勃勃；再四时不绝的‘多个多个’‘戈戈戈戈戈’的鸡声：晨夕之间，或者负手在这小天地中徘徊俯仰，这其中定有一番趣味，其味为何？——在丝丝的浓烟卷中曲折的传入无穷的空际，升腾，分散，是消灭！？是存在！？（小鬼向来不善推想和描写，幸恕唐突！）”

这时的许广平已经调皮地称自己为“小鬼”，而后还将拜访鲁迅家之行比喻为“探险”。鲁迅也心生一智，要考她一番：

“‘小鬼’们之光降，我还没有悟出已被‘探险’而去’。”“但你们的研究，似亦不甚精细。现在试出一题，加以考试：我所坐的有玻璃窗的房子的屋顶，似什么样子的？后园已经去过，应该可以看见这个，仰即答复可也！”

而许广平的答案竟也细致认真，足以看出她在鲁迅家时细致入微的观察：

“那‘秘密窝’的屋顶大体是平平的，暗黑色的，这是和保存国粹一样，带有旧式的建筑法，在画学中美的研究，天——屋顶——是浅色的，地是深色的，如此才是适合，否则天地混乱，呈不安的现象。在‘秘密窝’中，也可以说呈神秘的苦闷的象征。”

随着越来越密切的书信往来，他们谈论的话题已经开始从严峻社会话题转为有趣而细碎的生活琐事，两人也从最初的师生变成现在互相知心的朋友。

到了1926年的信件中，鲁迅已经开始事无巨细地介绍他的生活与日常，不知不觉间，爱情已经发生，他们对彼此的感觉在一点点发生变化。

1926年8月，鲁迅离开北京前往厦门任教，许广平则前往广东女子师范学院担任训育主任。到了1927年初，鲁迅也抵达广州，受聘担任中山大学的教务主任并兼任文学系主任，而许广平担任他的助教。

广州明丽的热带风光见证了两人团聚的甜蜜，也见证了他们的不能相守的苦涩，因为名分未定，也因为世俗成见，他们的恋情遮遮掩掩。到了十月份，辞去教职的鲁迅和许广平相携北上，到了上海，他们正式公布了两人的爱情关系，宣布同居。那一年，鲁迅46岁，许广平29岁。

从最初的“鲁迅先生”与“受教的一个小学生许广平”“鲁迅师”与“小鬼许广平”，再到甜蜜的“小刺猬”“我的有莲子的小莲蓬”“乖姑”与“小白象”，称呼的转变也是他们心路的转变。

爱情是最神奇的魔法师，在爱情的滋润下，鲁迅这个“最勇的猛士”也成了“最柔的爱人”。

“我寄你的信，总要送往邮局，不喜欢放在街边的绿色铁筒中，我总疑心那里会慢一点。然而也不喜欢托人带出去，我就将信藏在衣袋内，说是散步，慢慢地走出去，明知道这绝不是什么秘密事，但自然而然的好像觉得含有什么秘密性似的。待走到邮局门口，又不愿投入挂在门外的方木箱，必定走进里面，放在柜台下面的信箱里才罢。

那时心里又想：天天寄同一名字的信，邮局的人会不会诧异呢？于是就用较生的别号，算是挽救之法了。这种古怪思想，自己也觉得好笑，但也没有制服这个神经的神经，就让他胡思乱想罢。”

如今再看小白象与小刺猬的爱情，多了甜蜜，多了传奇的色彩，却忽略了他们当时承受着多大的压力。爱情从来都不容易，在那个年代，他们更是付出了无与伦比的勇气。

1929年，鲁迅唯一的儿子海婴出生了，这是他们爱情胜利的勋章；而《两地书》的结集出版，更是让无数人了解了这段往事，那些或温情或浓烈的文字勾勒出生动细腻的民国爱情画卷，美不胜收，因为他的柔软，也因为她的勇敢。

煮字成药：

如果不是爱情，世间任何力量可能都无法叫“横眉冷对千夫指”的鲁迅先生变得如此温柔天真。所幸他遇到了许广平，所幸这满地荒凉的现实里总归有一丝温情，叫人心怀希望，叫人坚定信仰。

爱情本就应该是这般模样，叫人有了软肋，也有了盔甲，叫人心中有了阳光，也有了希望，这一切足以让我们面对世间种种黑暗阴冷而不后退。

我明白你会来，所以我等

——沈从文·张兆和

世界上的爱情大致分两种：一见钟情和日久生情。

前者听起来更浪漫，却也更不靠谱，因为对方钟的可能不是情，而是你的脸；后者胜在稳妥，那是日复一日积累来的感情，朝夕相对，细水长流，久了，那人就像你的左膀右臂，成了生活的必需品，割舍不掉。

有人追求一见钟情的浪漫，也有人喜欢日久生情的温暖，不管是哪一种，最重要的是要两情相悦。因为单恋是最苦的，如同哑巴吃黄连，你再怎么煎熬，对方也无法感同身受，她不懂，也不想懂。

沈从文对于张兆和，就是始于一场单恋，他对她一见钟情，而她无动于衷。

沈从文出生湘西，玲珑剔透的凤凰山水孕育了他柔顺温婉的才情，青年时期的他就开始从事小说创作，新潮的风格以及清新的文采让他很快在中国文坛崭露头角。

在徐志摩的推荐下，沈从文被中国公学校长胡适聘为教师。

沈从文性格内向，喜欢穿着灰色的大褂，略显青涩的脸庞在人群中并不出众。他并未得到学生的认可，第一堂课便闹了笑话。在慕名前来听课的学生面前，他呆站了十分钟，然后又用十分钟念完了原先预备讲一个多小时的内容，接着又陷入沉默，最后他只好在黑板上写着："今天是我第一次登台上课，人很多，我害怕了。"

学生们哄堂大笑，而这些学生中便有他未来的妻子——张兆和。

有人说沈从文和张兆和第一次相见是在胡适的办公室，有人说是在课堂，这些争论显然毫无意义。那是怎样的开始并不重要，重要的是结果，他爱她，她却顽固地不爱他。

沈从文的性格里带着湘西苗家人的直白和冲动，他没有考虑一个农村小家庭和城市大家族的差距，也没有想过一个教师和学生的代沟，他只是固执地追求她，试图用一腔热情点燃她。他说："有了你在我心上，我不拘做什么皆不吓怕了。你还料不到你给了我多少力气和多少勇气。同时你这个人也还不很知道我如何爱你的。想到这里我有点小小不平。"

这一年，张兆和十八岁，家世显赫，才华出众。她还是学校公认的校花，外号"黑牡丹"，虽然皮肤微黑，却生得秀美无比，灵动如《边城》里的翠翠。

她身边有不少的追求者，每天都会收到无数的情书，她并不会生气地撕碎扔进垃圾桶，而是调皮地给这些情书编号："青蛙一号""青蛙二号""青蛙三号"……

沈从文排到多少号呢？二姐张允和说他大约能排到"青蛙第十三号"，可见沈从文在众多的追求者中并不出色，无论是家世、背景，还是相貌、个性，他都没有优势，多少青年才俊等着娶合肥张家的四个姑娘，沈从文拿什么脱颖而出？张兆和对这个湘西来的乡下人毫无好感，那一封封署名S先生的信越积越厚，她是不耐烦的，在日记中暗暗斥责S先生的信是没头没脑的。

"望到北平高空明蓝的天，使人只想下跪，你给我的影响恰如这天空，距离得那么远，我日里望着，晚上做梦，总梦到生着翅膀，向上飞举。向上飞去，便看到许多星子，都成为你的眼睛了。”

这样的句子让张兆和觉得莫名其妙。爱情有时候就是这么无奈，若是她无心，就算你情深似海，看起来也不过是个笑话，甲之蜜糖，乙之砒霜。

张兆和没有任何回应，但沈从文依然把她奉为可望而不可即的女神。或许连他自己也觉得这份爱莫名其妙，陌生而强烈，不可遏制，这是他诗人的天性吧，她是美的化身，也是诗的化身，他不遗余力地追寻，就像捕捉创作的灵感。

日复一日，张兆和的沉默让沈从文开始按捺不住了，他满腔炽热，迫不及待地想要找出发泄之地。

1930年7月，张兆和在日记中描述了沈从文对她的室友说的一番话：“如果得到使他失败的消息，他只有两条路可走，一条是刻苦自己，使自己向上，这是一条积极的路，但多半是不走这条的；另一条有两条分支，一是自杀，一是，他说，说得含含糊糊，‘我不是说恐吓话……我总是的，总会出一口气的！’出什么气呢？要闹得我和他同归于尽吗？那简直是小孩子的气量了！我想了想，我不怕！”他的“威胁”更加让她反感。

恋情还未坐实，学校里的流言已经满天飞了，沈从文的郁郁寡欢都被学生看在眼里，渐渐地，大家都知道他在追求张兆和。张兆和照旧不搭理沈从文，但她心里也害怕他会做什么过激的行为，而且，流言越传越多，她不胜其扰。

张兆和想到了校长胡适，她主动去了校长办公室，希望他能够帮助自己摆脱S先生的纠缠。让她语塞的是，胡适竟然说，“我知道沈从文顽固地爱你！”张兆和愤然地说，“我顽固地不爱他”。

她无奈地离开了，原来沈从文早就找过胡适，希望他帮忙牵线搭桥，胡适一口答应了，很乐意当个红娘。

胡适的放任和沈从文的执着，让张兆和再次选择沉默以待。她低估了沈从文那颗朴实执着的心，以为时间久了他就会厌倦了，毕竟人都是喜新厌旧的，比她漂亮的姑娘有很多，或许他会另寻新欢呢？

说来说去，她只是不爱她，固执地坚持自己选择，以沉默来拒绝。

1932年，张兆和毕业了，回到了苏州的老家（祖籍安徽合肥，长于苏州），她以为从此摆脱了沈从文的纠缠，殊不知，他们的感情才真正开始。

有一天，张家的大门被敲响，二姐张允和开了门。她面前站着一位穿着灰色长衫的青年，高高瘦瘦的，戴着一副近视眼镜，面带拘谨，手上还抱着一大包西方文学名著。

站在太阳下的沈从文额头冒出点点汗渍，他腼腆地打了招呼，张允和连忙让他进屋。第一次进张家的门，沈从文四处张望，眼里流露着期待和紧张。张允和早就从三妹张兆和口中听说过他，她主动告诉他，三妹不在家，去了图书馆。

沈从立刻局促起来说了一句“我走吧”，便匆匆离开了张家。张允和并不觉得他失礼，反而认为他是一个有趣的人。

窈窕淑女，君子好逑，求之不得，寤寐思服。回到旅店的沈从文闷闷不乐，张兆和美丽的脸庞时不时地闪过，她就像黑夜中的星辰，明亮动人，他却永远摘不到。

张兆和回到家后，张允和立刻告知她沈从文来过，还责怪她故意去图书馆。张兆和委屈地辩解，最终在二姐的劝说下，她动身去旅馆找沈从文。

沈从文正躺在床上发呆，听到敲门声，他既疑惑又期待，他在苏州并没有什么朋友。

门外是他心心念念期待的人儿，她脸颊泛红，背着双手，眼神羞涩，局促地站着。看到这一幕，沈从文有些呆了，又惊又喜，而张兆和也半天才开口，邀请他去家里玩。

尽管这是二姐张允和的意思，但沈从文同样欣喜若狂，至少，张兆和对他不再是冷若冰霜。

或许，文字永远没有现实的陪伴温暖，行动永远要比言语的浪漫靠谱，爱需要说，更需要做。

沈从文整个暑假都待在张家，给张兆和的几个弟弟讲故事，同几个姐姐谈天说地，他的朴实真诚很快得到了张家上下的认可。家人的态度渐渐改变了张兆和，她开始试着卸下心里的防备。

一个是一见钟情，一个是日久生情，不管怎样，他们终于相爱了。

暑假结束，沈从文回到青岛，二姐张允和便成了沈和张之间的鹊桥。她最后终于松口，给沈从文发去一封电报“乡下人喝杯甜酒吧”，算是正是确立了两人的恋爱关系。

他们的婚礼在北平公园举行，没有满座的贵宾，没有奢华的仪式，就这样从单相思到走向婚姻殿堂。对于张兆和来说，这似乎来得太快了些，但是在沈从文眼里，这个过程太漫长了。

时至今日，谁也不能确定，张兆和是从心底接受了这个“乡下人”，还是一时感动。但可以确定的是，她是沈从文的缪斯，是创作的源泉，有了她，他才能写出更好的文章，留下脍炙人口的名作。

“我以为我是个受得了寂寞的人，现在方明白我们自从在一处后，我就变成一个不能够同你离开的人了，三三，想起你我就忍受不了目前的一切了。”

在信里，他们的爱情保持着火一般的炙热，张兆和也亲昵地称呼他为二哥，婚后的暂时别离也未曾影响他们之间的熊熊爱火。沈从文回湘探望病危的母亲，在船舱给三三写信：“我离开北平时还计划每天用半个日子写信，用半个日子写文章，谁知到了这小船上却只想为你写信，别的事全不能做。”张兆和信里说：“长沙的风是不是也会这么不怜悯地吼，把我二哥的身子吹成一块冰？为了这风，我很发愁，就因为我自己这时坐在温暖的屋子里，有了风，还把心吹得冰冷。我不知道二哥是怎么支持的？”

他们一个爱得感性，一个爱得理性，方式完全不同。

1995年，张兆和整理完沈从文生前的遗稿，在《后记》中，她写道：“从文与我相处，这一生，究竟是幸福还是不幸？得不到回答。我不理解他，不完全理解他。后来逐渐有了些理解，但是，真正懂得他的为人，懂得他一生承受的重压，是在整理编选他遗稿的现在。

过去不知道的，现在知道了；过去不明白的，现在明白了……太晚了！为什么在他有生之年，不能发掘他，理解他，从各方面去帮助他，反而有那么多的矛盾得不到解决！悔之晚矣。”

煮字成药：

这一段爱，幸与不幸，都已成往事，只有当事人知道其中悲喜。沈从文早已将对张兆和的爱尘封在自己的作品中，她的影子在字里行间不会褪去，一本《从文家书》更是写给她的情书，记载了他对她的爱，而她也在《后记》里说出了她对他的悔。

人生若只如初见，何事秋风悲画扇。

原来最美好的爱情不是最好的年龄遇见最爱的人，而是门当户对两相知。即使缺了前者，如果能做到相互理解、相互支持，爱也能长久，情也会长存。

醒来觉得甚是爱你

——朱生豪·宋清如

爱如风过，难以捉摸，遇到是缘起，错过是缘灭，无人幸免。

秋天，钱塘江畔，秦望山头，在极具诗意的之江大学里，在一个谈诗论道的文学社，朱生豪和宋清如相遇了。

一个是闻名之江的才子，一个是小露锋芒的女学生，他们没有只言片语，却在诗词酬和中，悄然埋下爱情的种子。

爱情本来就是一件诗意的事，尤其是两个文艺青年的爱情，朱生豪和宋清如都是才华横溢的人，当他们谈情说爱，那就是在写一首最浪漫的诗。

从相识到相知，再到最后的相守，他们整整走过了十年，那不是弹指光阴，而是三千多个日夜。他们通过书信来往，游戏笔墨，互诉衷肠，那一封封信笺，化作幸福信使——青鸟，衔来爱的孺慕，解了分隔两地的相思之苦。

如果说，是朱生豪的惊才绝艳吸引了宋清如，那么，他的矢志不渝则深深打动了她，就像春雨润物无声，一夜催开了桃花。

红罗帐，小轩窗，犹梦初相识。

宋清如对于朱生豪的初次印象是："瘦长的个儿，苍白的脸，和善、天真，自得其乐地，很容易使人感到可亲可近。"

朱生豪是话少、好静之人，他第一次读到宋清如的《宝塔诗》，心里对这个写新诗的女子已是另眼相待，生出了别样的情丝。

就在宋清如参加诗社的第二次活动时，朱生豪也去了，仍未同宋清如讲一句话。但是朱生豪却做出了与此前大相径庭的举止，他本不喜拍照，这次却与诗友们合影留念，并排在了引人注目的位置。

男人的心里总会住着一个孩子，在爱情面前，他们偶尔也会手足无措。朱生豪生性内敛，即便有心结识宋清如，表现亦是羞涩，每每和她相见，总是缄默不语，更遑论表露心迹。

他们见面本就少，都是诗社活动，一来二去，宋清如只当他是良师益友。朱生豪心里的热情并没有因此减退，初初晤面，情根深种，她只看了他一眼，在他心里却已经和她过了一生。

1933年夏，朱生豪从之江大学毕业，应邀到上海的世界书局供职。离别前夕，朱生豪将自己的情意化作三首《鹧鸪词》，赠给宋清如。现将三首词摘录如下：

（其一）楚楚身裁可可名，当年意气亦纵横，同游伴侣呼才子，落笔文华绚不群。招落月，唤停云，秋山朗似女儿身。不须耳鬓常厮伴，一笑低头意已倾。

（其二）忆昨秦山初见时，十分娇瘦十分痴。席边款款吴侬语，笔底纤纤稚子诗。交尚浅，意先移，平生心绪诉君知。飞花逝水初无意，可奈衷情不自持。

（其三）逝水东流无尽碧，人间暂聚易参商。阑珊春去羁魂怨，挥手征车送夕阳。梦已散，手空扬，尚言离别是寻常。谁知咏罢河梁后，刻骨相思始自伤。

这三首词，字字锦绣，他的深情融于笔墨，见者动容。他毫不掩饰地说，“一笑低头意已倾”“可奈衷情不自持”“刻骨相思始自伤”，哪怕她只是无心的一笑，在他眼里也是春暖花开。

情深不由己，相思绊人心，哪个女子能拒绝这样丰盛的情意呢？宋清如默许了他的告白，两人开始密切的书信往来。有时，他们一周就互通两三封信，这是因为在这一纸一笔中，两人了解增多，情意渐浓。

朱生豪十岁丧母，十二岁失祜，和两个弟弟相依为命，由叔祖母和姑妈抚养长大。长期寄人篱下的生活，母爱、父爱的缺失，这都给朱生豪的童年留下了阴郁，让他早早地看透世态炎凉，养成沉默寡言的性格。他不善言辞，不爱社交，只愿待在阁楼间，看书读诗，而宋清如的出现就如一道亮光，点燃了他枯寂的生活；又如一缕清风，温暖了那颗干涸已久的心。

他不无感慨地说：“幸亏世上还有一个你。”他对宋清如无话不说，那些信就是一个最好的树洞。他坦然地倾诉着满肚子的思念；唠叨着生活中的琐碎；分享自己读书的心得或电影观感；有时，他还指导宋清如的诗歌创作。他也调皮的时候，因为她无意的一个称呼、一个字眼，他不惜费尽笔墨，和她理论，直到她“告饶”。

从前车马很慢，

书信很远，

一生只够爱一个人。

我在等风，也在等你

我在等风，
也在等你

从前车马很慢，
书信很远，
一生只够爱一个人。

力量，他要一字一句、反反复复、慢慢地品读，要珍藏每一封。如果没有回信，他会抱怨车马太慢，写信告诉宋清如：

“今天宋清如仍旧不给信我，我很怨，但是不想骂她，因为没有骂她的理由。今天中午气得吃了三碗饭，肚子胀得很，放了工还要去狠狠吃东西，谁教宋清如不给信我？”

不是爱情本身让人失去理智，而是爱的那个人太让人牵肠挂肚，所以才患得患失。对宋清如，朱生豪做不到淡定，他会俏皮，会赌气，会撒娇，也会委屈。有一次，他不知道把宋清如的来信放在了哪里，再找不到，于是忍不住生闷气，心中满是怨念。

“找了两个黄昏，徒然的翻了一次又一次的抽屉，夜里也睡不着，我是失去我的宝贝。今天早晨在床上，想啊想，想出了一个可能的所在，马上来找，万一的尝试而已，却果然找到了，找到了！”给宋清如倾吐书信找不到的时候，朱生豪就是“伤心的保罗”，而此时，已成了“快乐的亨利”！

一个在上海，一个在杭州，两地相隔，见面成了奢侈的事情。从朱生豪离开之江大，到1936年宋清如毕业，他每年都会回杭州看望她，但是每次都有朋友相随，两人独处的时间不多。他不仅没减相思之苦，反而更添相思，回程时亦伴随着惆怅和落寞。

梦入江南烟水路，行尽江南，不与离人遇。他只能在梦里寻找安慰，但有时候连梦也是苦的，她不肯来见他。

有时，他梦见宋清如正酣睡，他就静静地守在她的身旁，替她驱除噩梦，待至天将明，趁她未醒之际，轻轻地吻一下她的手，又自个落寞地回去了。有时候也会梦见宋清如不理自己，或者一个人离开了……

“我想我一定要训练自己的便是‘如果世上没有你这样一个人，我也能活下去’的方法，因为不然的话，我只好每天躺在床上流着泪想念你，再不用想做事情了。我很渴望做一个幸福的梦，一个和你亲爱的生活着的梦，然而无论在现实生活中或想象里，都不曾有过这种经验，因此我再也没有得到这样一个梦的希望。”

有一次，朱生豪醒来之后十分伤感，甚至哭了起来，觉得很寂寞，很悲哀。只因为他连续做了几个梦，想要梦见宋清如，却都没有梦见。

“我将永远割舍不了你。近着你会使我惝恍，因此我愿常远远地忆你。如果我们能获得长寿，等我们年老的时候，我愿和你比邻而居，共度哀倦之暮年，此生之愿足矣！”

朱生豪把爱她当成了事业，而且是一项终身事业，想着她，梦着她，神魂依恋着她，这是他所有的快乐和悲伤的源泉。

1936年夏，宋清如结束学业，回到家乡常熟度过最后一个假期，准备参加工作。恰好，从上海到常熟的公路正式通车了，真可谓天公作美，从此，朱生豪到常熟也方便了许多。

朱生豪怀着雀跃的心情坐上了汽车，去探望宋清如。

“到达之后，向车站四周走了一转，看不见你，有点着急，担心你病倒，直至看见了你（真的看见了你），Well then，我的喜乐当然是不可言说的，然而不自禁地有些timid（羞怯）起来。”

相见时难别亦难，等他一人离开时，凄惶地上了车，带着寂寞，带着惆怅，那美丽的风景都失去了可爱。回到上海大约是中午一点钟，朱生豪一到寓所，便给宋清如写信，写下此行之感，一直写到第二天凌晨两点半钟，总共写了一万五千字。这应是所有书信中最长的一封了。

在信中，朱生豪老实地坦白了自己乘车前后的心境，也极力夸赞她热情的家人和美丽的家乡。他疑心自己的表现不好，向她道歉，并希望她能将两人的友谊维持下去。

经过常熟之行，他们之间的关系似乎更近一步了，朱生豪在信里直白地写道："似乎我每次见了你五分钟便别了你一百年似的"。在他眼里，她不仅是那个"世间最可爱的朋友"，也是他的真正知音，不管他说什么，他相信她能懂。

1937年初，朱生豪在书信中直率地问宋清如"肯不肯嫁给我"。其实他一直认为结婚是一种负担，家庭是一种累赘，可是遇到她，他却想结婚了。

朱生豪曾把爱情分为三种不同的类型：原始的爱、世故的爱以及理智的爱。他本人是理智型的爱情主义者，现在却不理智了，但宋清如没有答应他的求婚，她本就崇尚自由，视结婚为恋爱的坟墓，认为家庭是妇女的囚笼。

这次求婚不了了之，朱生豪退而求其次："以前我最大的野心，便是想成为你的好朋友；现在我的野心，便是希望这样的友谊能继续到死时。"

1937年“八一三”事变，日本侵略者进攻上海，战火纷飞，许多知识分子逃离上海，到内陆避难。朱生豪从上海避居嘉兴，继而避难乡间。宋清如则随家人远离家乡，去了四川。两人天各一方，其间通信皆断。

大约过了大半年，沪渝通邮后，两人才重新联系上，但是书信来往也比较少，甚至有一年多的时间，完全断绝了书信往来。

相见亦无事，不来常思君，这大概就是宋清如的心理写照，缠绵而含蓄。或许是时间沉淀了思念，或许是战乱成全了爱情，宋清如忽然体验到了朱生豪的可贵，她写下《满江红》《水调歌头》和《高阳台》三首词，寄给他，以表离思感伤之情。

朱生豪收到后，立即和词三首。

1941年秋天，宋清如与家人经贵州、江西、宁波等地回到上海，见到了日思夜想的朱生豪。此时，再多的言语已是多余，他们心有灵犀，情意暗生。

第二年的五月，在友人张荃的催促下，朱生豪和宋清如举行了婚礼，结束了他们长达十年的罗曼史。介绍人夏承焘为这一对新人题词："才子佳人，柴米夫妻"，朴实无华，自有深意，正是他们爱情最好的箴言。

从此，两人在那个小阁楼里开始了他们风雨同舟的患难生涯。

婚后不久，因时局问题，两人在常熟岳家小住了半年，后来辗转回到了老家嘉兴。朱生豪继续翻译莎士比亚著作，宋清如则洗手做羹，操持家务。

一如宋清如所说："他译莎，我做饭"，他们生活简单而丰富。朱生豪不仅在生活上依赖她，在精神上也离不开她，他还常常和宋清如探讨翻译过程中的许多问题。

婚姻并没有磨灭他们的爱情，反而越来越醇厚，就像封存的酒水。有一次，宋清如回娘家，数十天尚未归来，朱生豪可谓度日如年，在日记里写道："心像刀割一样痛苦，十八天了，她还是没有来。"

"他想去车站接她，又怕扑了空，一个人不免自艾自怜，今天她们都去吃喜酒去了，剩下我一个人，中午吃了半碗冷粥，晚饭吃了一碗冷开水淘冷饭。独身生活也过了这么许多年了，从来没有像现在这样凄凉过。"

陌上花开，可缓缓归矣，他其实恨不得她早点归来。

儿子的降临为这个家带来了喜庆，也加重了朱生豪身上的担子。只是，译莎的成果一天天增加，朱生豪的身体却越来越不行了。

1943年秋，朱生豪卧病半月有余，但是碍于经济条件，他没有去医院。不仅如此，他还加速翻译的进度，完成了杂剧十种，又陆续翻译出史剧《约翰王》《查理二世》《亨利四世上编》和《亨利四世下编》，并着手翻译《亨利五世》（未译完）。

或许他是察觉到自己时间不多了，想要尽可能完成翻译工作，这让他的身体更加糟糕，日夜躺着，无力说话，更无力看书。

1944年12月26日，时至中午，宋清如在隔壁房内哄孩子睡觉，忽然听到朱生豪叫道：“小青青，我去了！”等她赶到他的床边，他目光不舍，已经说不出话，两分钟后便溘然长逝，离开了他最爱的亲人。

朱生豪的离去是文坛翻译巨星的陨落，亦是损失，但是他为文学史留下了浓墨重彩的一笔。宋清如说：“他那坚毅的品格，宁死不屈的精神，永远震撼着我的心。”同样，他也震撼了世人的心灵。

莎士比亚说：“生活里没有书籍，就好像没有阳光；智慧里没有书籍，就好像鸟儿没有翅膀。”朱生豪是一个书痴，而宋清如就是那本他最爱不释手的书。十年的笔信之交，两年的相敬如宾，他们的爱情可歌可咏，不随时光褪色，不随年华老去。

煮字为药：

人生自是有情痴，此恨不关风与月。

登峰造极处，化有为至无为，化极炼为无炼，仿佛所有的言语文字，径直从一颗火热的心脏里喷薄而出；这些天真烂漫如童子语，才是世间最难得的赤城与情痴。

朱生豪是世间最会说情话的人之一，他的文字暖心又更坚定心之所向。

在两人的交往中，朱生豪更注重的是心灵的相谐、欣赏，而不求占有，这种心态使得他最终可以得到宋清如的垂青。这种安之若素的心态值得追爱的人学习。

我这边也有同一月色

——冼星海·钱韵玲

冼星海不是诗人，但他却写出了一句最浪漫的诗：“我这边有同一月色”。那是他写给妻子钱韵玲的，侠骨柔情，溢于言表。

据说在冼星海出生时，他母亲看到湖边的大海，海面上是朗朗星空，所以就给他取名“星海”。

他就像他的名字，在那个狂风骤雨的时代，以微小如星的光芒指引着迷茫者，以广阔如海的胸怀包容着孤独者。如今再看这个名字，他带着万丈光环，但他的光环不是与生俱来的，他也曾经落魄，遭遇坎坷，他的一生都在漂泊动荡中度过。

冼星海生于澳门一个贫苦的渔民家庭，长于海滨，终日与潮水相伴，少时难得的乐趣便是祖父忧伤绵长的箫声与渔民喜忧参半的民谣。

冼星海自年少时就随母亲到处奔波，所幸他并没有放弃学业，先后入读于岭南大学附中和岭南大学。

冼星海很快展露了他的音乐天赋。1926年，他考入了北京大学音乐传习所，两年后，又进了上海国立音专学习小提琴和钢琴。1929年，冼星海辞别母亲，来到巴黎，师从著名提琴家帕尼·奥别多菲尔和著名作曲家保罗·杜卡斯，他一边勤工俭学，一边完成音乐进修。1931年，他以优异成绩考入巴黎音乐学院，成为高级作曲班第一个中国学生。

这张光鲜的履历表背后，藏着无数的汗水和眼泪。他出身不好，家境窘迫，没有任何背景和助力，他每走上一个台阶，靠的都是自己的努力。

初离故土，冼星海甚至拿不出一张船票钱，更别提路费，于是，他只能在船上做炉工、干苦活，以此换取登船的机会；到了巴黎，他连容身之所都没有，因为没钱付房租，只能找了一间小小的简易的阁楼；在他的音乐会取得巨大成功后，校方问他要什么奖励时，他在台上羞赧而又坚定地说“饭票”。

就是这样一个男子，他脚踏实地，深知自己需要的是什么，不奢华，也不虚荣。他坚毅勇敢，即使前路坎坷荆棘遍地，却从未退却。

最落魄的时候，遇到最心爱的人，就如同一场灾难。年轻的冼星海便遭遇了这样的灾难，他一无所有却爱上了名门闺秀。

1935年，当祖国的号召传到异国他乡时，这位在法国已小有名气的音乐才子毫不犹豫地拒绝了留守法国发展的邀请，毅然投入祖国的怀抱。

回国后，冼星海带着母亲定居在上海，积极地参与上海左翼文学艺术活动，先后创作了大量的抗日歌曲，也为不少进步电影谱插曲，如电影《夜半歌声》。这些抗日歌曲在上海快速广泛地传播开来，它鼓舞着前方浴血奋战的战士们，也激励了更多民众投身到救命于水火的战争中。

这个时期的他与不少音乐演奏家合作，其中就有年轻的女钢琴家盛建颐。

共同的爱好让两个年轻人暗生情愫，冼星海爱她优雅的气质，盛建颐欣赏他出色的才华，两人双双坠入情网，不可自拔。

然而，作为盛宣怀的孙女，上海滩第一豪门家族的一员，盛建颐在恋爱婚姻方面并不自由，她显赫的身世成了两个年轻人之间最大的障碍。

没过多久，“七七事变”爆发，全面抗战的局面在国内形成。上海作为外国人集中的地区，各国利益冲突更加激烈，形势也更加混杂。淞沪会战后，冼星海作为一名爱国好男儿，离开老母，舍弃儿女情长，参加了洪深领导的抗日救亡演剧二队，踏上了全国巡演的道路，通过文艺表演来宣传抗日救亡。

他先后到了苏州、南京、徐州、开封、洛阳等地，动荡不安的局势和旅途的艰辛并不能压抑冼星海对佳人的思念。每到一个地方，他都给盛建颐写信，他向她倾诉沿途的辛苦，汇报演出的情况，也关心她的音乐活动，鼓励她多多进步。

他在1937年8月30日写于开封的信中有这样的话：“我希望你能不断地和我通信，布告你在上海的生活，使我得到许多慰藉。在百忙中我常想念你，如同想念我的亲骨肉一般。”

战争阻止了他们的见面，他无法放下抗日工作；她也不能离开豪门望族，来牵线追随他。好在还有书信，她娟秀的字迹就是他最大的温暖，支撑他熬过失眠的夜，走过战火硝烟。

然而，他们的通信也渐渐中断了。

等冼星海到了武汉后，他进入郭沫若领导的政治部第三厅工作，此后再没有回到上海，也再没有见过盛建颐。这一段名门闺秀和穷小子的爱情就此告终，或许该责怪战争无情，或许该埋怨门第的成见，说到底，他们有缘无分。

午夜梦回的时候，他或许遗憾，或许伤心，或许后悔，但他始终放不下对祖国的爱和未完成的抗日工作。

英雄气短，儿女情长在战火弥漫的武汉，冼星海迎来了他的第二份爱情。

冼星海和钱韵玲的相遇有些戏剧化。

1938年1月，一个噩耗从上海传到武汉，著名学者、教育家、社会活动家钱亦石教授因病去世了。这是个令人尊敬的老人，他积极投身抗日，次子钱远镜因此在战场上牺牲；

他热心提携后辈，他的家就是上海左翼文学艺术家的聚会场所，冼星海曾经多次得到他的指点。

为了纪念这位前辈，冼星海决定为他写一首挽歌。

追悼会当天，冼星海在现场遇到一位身穿黑纱的单薄女子，她脸色苍白，眼睛红肿，眉宇间是止不住的伤心和藏不住的悲痛。

这位姑娘是来拿歌谱的，她缓缓走向冼星海，接过了那份沉重的歌谱。在看过之后，她立刻泪流满面，神情悲戚，冼星海忍不住出言安慰，在交谈中，他也知道了她的身份，原来她竟是钱亦石教授的女儿。

这便是俩人第一次正式认识。

那时候，她青春烂漫，绚丽如夏花；而他年少成名，才华横溢。她唱着他写的歌，那是被百万战士传唱的歌，傲骨铮铮，气势凛然，而少女的心里却听出了不一样的意味，渐渐生出柔情。

钱韵玲是武汉一所小学的音乐教师，也是抗日歌咏队的一名骨干队员，在工作中时常能和冼星海见面。追悼会之后，他们渐渐熟悉起来，一个是存着仰慕，一个是怀着怜惜，想多多照顾恩师的女儿。

一见已倾心，日久更生情。

每次冼星海指挥歌咏队排练演出，钱韵玲都会站在离指挥最近的位置，一边唱歌，一边偷偷望着他。

爱是无法掩饰的，冼星海很快明白了她的心思，他没有拒绝。不仅如此，在歌咏队中，在电影录制中，两个人的接触越来越多，交流越来越多，两颗心的距离也越来越近。

冼星海说："韵玲拿热水来给我洗脚，拿靴子给我换，我觉得她心地很好。不仅纯真可爱，而且外表美，又能处处表现出来。我不禁很感动，甚至我要爱恋她起来。"

这已然是一副陷入爱河的模样，他从一个伟岸的男子，变成了甜蜜羞涩的孩子。他开始给钱韵玲写信，信里的称呼一换再换，由"韵玲小姐"到"韵玲"，又到了"玲"。

都说治愈情伤的最好方法是时间和新欢，钱韵玲的出现，让冼星海初恋的伤痛渐渐恢复。而钱韵玲的丧亲之痛也在冼星海的亲切呵护中逐渐抚平。

他们相互温暖，就像茫茫夜色中的两盏灯火，遥遥呼应。

谁说爱情一定是轰轰烈烈的呢？他爱她的温柔和细致；

爱她带来的静好岁月；更爱她走进他苦闷的生活，点燃他的后半生。而她呢，她仰慕他，就像草木追逐骄阳，就像萤火虫不敢和星辰争辉，就像泥土心甘情愿的滋养那株娇艳的花。

他们相爱了，爱得平淡而不平凡，爱得简洁而不简单。

1938年7月，冼星海与钱韵玲宣布订婚，随后举行了一个简朴的婚礼。自此，两人组建了一个幸福的小家庭。

爱情里最美的是两情相悦，最难的事相濡以沫。

婚后不久，冼星海就接到鲁迅艺术学院的邀请，打算前往延安，担任这所学院的教授。他自然想带着新婚的妻子一起过去，但战火连天，出趟远门可不是容易的事，随时有生命危险。况且延安条件艰苦，钱韵玲是典型的南方人，从没去过北方，可能无法适应那里的饮食和生活习俗。

他不愿意委屈她，她却理解他的体贴和担忧。

钱韵玲极力劝说他，打消他的顾虑。她是一个贤惠的妻子，事事都以丈夫为先，他辞去是继续自己的音乐事业，她怎么会拖后腿呢？她也是一个抗日英雄的女儿，骨子里充满英气和豪情，能去抗日前线，她并不怕吃苦。

延安的生活比想象中的还要苦，好在他们夫妻同心协力，苦日子里也有甜蜜。

钱韵玲吃惯了白米饭，现在却只能吃带壳的小米；冼星海在巴黎生活了那么久，喜欢咖啡，但在陕北根本不可能买到咖啡，钱韵玲就把黄豆炒熟、磨成粉，拌上红糖，用开水冲成“土咖啡”；冼星海有抽烟的习惯，烟斗嘴坏了，她就把一支竹竿毛笔的笔头拔了，将笔杆安在烟斗上当烟嘴用；在《黄河大合唱》创作期间，钱韵玲为了给丈夫补充营养，大着肚子到镇上买了一只鸡和糖，几经波折，只因为他爱吃甜食。

皇天不负有心人，《黄河大合唱》的演出取得巨大成功，他们也迎来了爱情的结晶。

这段艰苦的日子他们一起熬了过来，但很快，他们又迎来了离别。

1940年春天，冼星海接到组织上安排的任务，他要和电影导演袁牧之一起前往苏联，为纪录片《延安和八路军》做后期。冼星海告别了妻子和刚刚几个月大的女儿，谁也不曾料到，这挥手一别，却是后会无期。

这边11月，冼星海等人取道新疆奔赴苏联，可是他们到达莫斯科后不久，苏德战争爆发，一行人只得原路返回，却又遇上新疆暴乱，断绝了回内陆的路，他们被迫滞留国外。更糟糕的是，战争让他们和政府失去了联系，音讯不通。

面对残酷的战火，冼星海心里念念不忘温柔贤惠的妻子和牙牙学语的女儿，但他却没能等到回国的那天，几年的颠沛流离早就拖垮了他的身体，异国他乡的奔波让他的病情一天天加重。

1945年初，在老朋友李三立的帮助下，冼星海住进了苏联最好的医院——莫斯科医院。然而他沉疴已久，最终还是遗憾地离开了人世，此时，钱韵玲和孩子却还在痴痴等在他的归来。

寒来暑往，陌上草离离，故人依旧未归。

这年11月初，钱韵玲终于等来了阔别已久的丈夫的消息，不是归期而是斯人已逝的噩耗。至此，这个世界上陨落了一颗巨星，多出一个守望者，正如钱韵玲所说："有音乐在的地方，他就不曾离开。"

他活在每一首歌曲里，他活在每一个跳动的音符里，她始终记着他，甚至用整个余生来完成他的心愿：致力于儿童乐曲。

钱韵玲没有再嫁，孤独终老，享年80岁。

煮字为药：

爱情的到来如果有声音，一定是世上最好听的旋律。溶溶月色下的汩汩流水、春风拂面的细碎松风，昆山玉碎凤凰叫，芙蓉泣露香兰笑都不足以形容其万分之一的美好。

钱韵玲首先爱上的就是冼星海的音乐，她们的爱情也帮助冼星海创作出了世上最美的旋律，他心中有爱，所以对整个世界怀抱善意，所有一切美好尽情揽入心怀，这才是爱的声音。

与君努力享受生命之光华

——庐隐·李唯建

人生总是“比做梦还要不可捉摸”，不如“隐去庐山真面目”，这是“庐隐”这个笔名的由来。

庐隐号称福州三大才女之一，她笔下充满了诗意，也总是带着淡淡的忧愁。或许，这和她曲折的命运和悲戚的爱情经验有关。

从童年开始，庐隐的生活就蒙上了一层灰色的阴影。不只是巧合还是意外，她出生时，外祖母突然离世，于是她便成为了母亲眼里的不祥人。在那个封闭落后的年代，她蒙昧的父母竟想到淹死自己的孩子，好在她最后活了下来，却被送到了乡下，由奶妈抚养长大。

父母的爱是我们人生得到的第一份养料，它无私的滋养，才成就了日后的繁华。缺爱的孩子，即便长大成人，心里也仍旧住着一个自卑的孩子，他们不敢爱，也不会爱，对于女子而言，更是如此。

庐隐从小就显现了自己的不合群，她就像个乡村野小子，性格固执，桀骜不驯，三岁也不能说出完整的句子。这样的她，更不得母亲的欢喜。

后来她随母亲到北京投奔舅舅，舅舅家的表姊妹也异常排斥庐隐，认为她不祥，出言嘲讽。庐隐的性格因此变得更孤僻，没有玩伴，也没有朋友，直到九岁，她才有机会进入教会办的慕贞书院小学部读书。

上帝关上门的同时，不会忘记开一扇窗，庐隐虽然性格不讨喜，但读书却很聪明。优异的成绩不仅打破了她是智障的传闻，也让母亲渐渐认可，开始关注她，但是，庐隐已经养成了孤僻的性格，不善交际，沉默内向。

年少的庐隐每天做完功课，就喜欢抱着言情小说看，那些绮丽的故事不仅奠定了她的小说功底，也让她品味了爱情。因为从小就没有获得充足的亲情，她渴求被爱，渴求有人可以弥补亲情的空缺。

情窦初开时，庐隐遇见了她的初恋——林鸿俊。林鸿俊曾留学日本，有着广阔的见识，同时他也有着悲惨的命运：父母双亡，生活孤苦 。

也许是同病相怜的缘故两颗年轻的心很快就产生共鸣。林鸿俊怜惜庐隐的善良和多愁善感，而庐隐则同情林鸿俊的无依无靠，慢慢地，他们越走越近。

私订终身后，林鸿俊找人向庐隐母亲提亲，却遭到了无情的拒绝。此时的林鸿俊年龄尚小，家境贫寒，朝不保夕，怎么可能负担起一个家庭的重担？然而，爱情是盲目的，庐隐在遭到否决后愈发叛逆，不惜和家庭反目，毅然站到林鸿俊的身边。

在年轻人眼里，爱情大过天，庐隐坚决地宣称说："我情愿嫁给他，将来的命运如何，我都愿意承受。"

许多承诺，在说出口的时候都是真诚的，抱着一定会实现的念头。可是来日方长，有些事阴差阳错，有些感情烟消云散，有些人只能错过。

这段初恋随着庐隐的退婚而告终，林俊鸿转眼便迎娶他人，世俗的成见和流言纷拥而来，庐隐的母亲受不了舆论压力，大病一场，不久便撒手人寰。"福州惨案"后，庐隐认识了同岁的郭梦良，两人在朝夕相处中渐渐产生感情。第二段恋情不同于第一段，后者是懵懂的，她根本还不懂爱，就迫不及待地想要投入爱情，凭得只是一股朦胧的好感。

这就好像雾里花，水中月，来得快去得也快，不会长久。而前者则是建立在相知的基础上，她将郭梦良视为知己，两人有着相同的兴趣爱好，她是个文艺青年，而他创办了油印刊物《闽潮》，在当时算得上是进步的知识青年。

然而，第二段爱情也没有带给庐隐太多的甜蜜，她和郭梦良结了婚，但她并不快乐。她曾写信向友人抱怨："过去我们所理想的那种至高无上的爱，只应天上有，不在人间。你问我婚后的情况，老实说吧，蜜月还算称心，过此则一言难尽。应郭父母之命，回乡探亲，备尝奚落之苦，而郭处之泰然。俊英，此岂理想主义者之过乎！"

每个女人在婚姻里或多或少都会有落差感，做女朋友和做妻子毕竟不同，庐隐大概还没有适应，渐渐地和丈夫有了摩擦。三年后，郭梦良去世，这段亦悲亦喜的婚姻就此画上句点。

庐隐再次陷入了痛苦中，或许她并不明白，为什么她总是离幸福一步之遥。她太过倔强，也太过执拗，她一门心思的想得到亲情和爱情，不停地寻觅，直到头破血流。

庐隐最好的朋友石评梅当时也失去了挚爱高君宇，相似的命运让她们互相取暖，庐隐体会到了可贵的友情。然而，不久后石评梅便因脑膜炎猝死，挚友与爱人一个个离去，庐隐陷入深深的痛苦和自责中，她说过她是不相信命的，可此时她也开始怀疑自己是否真的就是不祥之人。

“这时节我被浸在悲哀的海里，我但愿早点死去，我天天喝酒吸烟，我试作慢性的自杀。”

最幽暗的山谷里，往往开着最孤洁的兰花，庐隐的前半生都笼罩在阴霾里，苦涩难言，但她却不曾放弃过。即便是在最痛苦无助的时候，她想到自杀，但她依然撑了下来，想要给女儿一个快乐无忧的童年，想要要与命运奋战到底，安心教学。

这样的庐隐并没有放弃寻觅自己的幸福，她一直渴望被爱，从出生到死亡，没有一刻停止过。

“人生是时时在追求挣扎中，虽明知是幻想虚影，然终于不能不前去追求；明知是深渊悬崖，然终于不能不勉强挣扎；你我是这样，许多众生也是这样，然而谁也不能逃此罗网以自救拔。”（石评梅《给庐隐》）

老天并不会辜负任何一个努力的人，追爱的庐隐终于等来自己生命的光华，就像繁花遇到雨露，就像鸟儿遇到归巢。

因为一个偶然的机会，爱情悄然降临，猝不及防。

“由于一个偶然的机会，经北大林宰平教授介绍，认识了女作家庐隐，相谈投契。庐隐在城中教书，我住清华园。结识庐隐后，庐隐考虑较多，她心潮澎湃，某夜寄我血书一封，表明内心。经我多方劝慰，心绪渐宁，决心生死相从。”

当时的李唯建是清华的学生，也是极具浪漫情怀的诗人。诗人眼里的总是理想化的，庐隐比他大八岁，有过婚史，还带着孩子，周围人并不看好，但他却一心一意地坠入爱河了。

面对这样一位年少却充满激情的诗人的追求，庐隐犹豫了。他们是志同道合的诗友，在创作上默契十足，在生活中也相互关照，但她没想过，这份感情会慢慢变质，酝酿出甜蜜。

庐隐是害怕了，她不再有从前的无所畏惧，不再有固执和狂热，也不敢轻易接受别人的爱情。更重要的是，她担心自己真的不祥，会给身边人带来厄运。

但是，李唯建的热情没有因此熄灭，凭借初生牛犊不怕虎的冲劲，他渐渐消除了庐隐心中的顾忌。也许此时的庐隐正是需要这样一位对生活充满激情和向往的人，来重新点燃她对生活的热爱。

长期不断的书信来往，让李唯建了解了庐隐坎坷的命运，他对她充满深深的同情，而“同情心太大太深，便变为伟大纯洁的爱了”。

他坚定了守护她一生一世的决心，她的顾虑和清冷也在他一日日的陪伴中消融。

我握着你的心
我听你的心音
忽然轻忽然重
忽然热忽然冷
有时动有时静
我知道你最清晰

——李唯建

经过反复思考和挣扎，庐隐终于又找回了曾经敢爱敢恨的自己，她走出阴影和李唯建相爱了。这一次，她抱着一种破釜沉舟的决心，一种和命运对抗到底的绝心，无论结果是输是赢，她都不再惧怕，大不了真真切切的死了。

对庐隐来说，没有爱的生活才是真的死了。

“让我们是风和云的结合吧。我们永远互相感应、互相融洽，那么，就让世人把我们摒弃，我们也绝对的充实，绝对的无憾。”

庐隐给李唯建的信里表明了自己的态度，她不再刻意追求别人满意的目光，不再惧怕受伤害。既然一直追求的美好爱情已经呈现在她面前，为何要把它拒之门外呢。

尽管亲友都不看好，庐隐还是选择了和李唯建结合。为了避开流言，她辞去了工作，带着李唯建和女儿东渡日本。

“什么礼教，什么社会的讥弹，都从我手里打得粉碎了。我们洒然地离开，宣告了以真情为基础的结合，翱翔于蓬莱仙境，从此以后，我的笔调也跟着改变。”

庐隐在自传里写下这段话，这时的她豪气万丈，对未来、对婚姻都抱着期待。爱情是炽热的，她注定为爱而生，哪怕一意孤行，哪怕众叛亲离；但她内心深处仍然是渴望被理解的，幼年的遭遇让她格外希望得到外界的认可，因为得不到，所以更加想要，所以她才会躲避到日本。

这或许就是一个悲伤的暗示，庐隐一生都这么矛盾，这么不由自主。

正如沈从文说爱是创作的源泉，美满的夫妻生活让庐隐能够安心创作，《云鸥情书集》的问世是他们爱情的结晶，也在文学界小有成就。其实，这未尝不是一种变相的讨好，她试图向大家证明她的幸福，从而得到大家的理解。

最开始，他们也有过甜蜜的时光，读书消得泼茶香，日子闲散而温暖。庐隐喜欢身穿浅色棉旗袍，伏在案前创作，窗外的梨树被洁白的花朵包裹，偶尔飘落几片落在新翻的黄色泥土上。她的心情就像这幕风景，静谧美好，安稳的生活磨平了她的个性，她已经不再暴躁，也不会为小事计较，整个人透着温婉。

庐隐真正感受到爱情便是李唯建的出现，他并不是她想象中的模样，不够高大，不够威猛，但他为她撑起一片蓝天的男人，带给她无限的快乐。都说性格相似的人能轻松相处，性格互补的人能从对方获得所需，庐隐和李唯建既相似又互补：她经过世间冷暖，早已看淡一切，性格中带着平淡和灰色；而李唯建仍然天真烂漫，不经世事，性格里洋溢着明亮的色彩。但他们默契十足，相处融洽，有时候话不多说，只需相视一笑，对方便心领神会。

随着时间的推移，激情渐渐退去，柴米油盐的琐碎开始浮出水面。他们生活本来就不富裕，而李唯建对养家糊口一窍不通，他太年轻了，根本不知道怎样担负家庭的责任。或许，他只懂得爱情，而不懂得婚姻，他和庐隐的结合，很大程度上是出于恋母情结的影响，幼年丧母的他渴望得到母性的关怀，而他不会付出关怀。

庐隐也发现了问题，李唯建适合做恋人，但不适合做丈夫。他甚至不喜欢她和前夫的女儿，因为这，他们常常吵架，他要求她为自己生个女儿。这种嫉妒的心理，还透着小男孩的幼稚，不成熟，也不理智。

迫于生活的压力，他们回到了中国，住在杭州西湖。半年后，庐隐生育了第二个女儿，也是她和李唯建第一个女儿。

庐隐一方面奔于生计，另一方面还要照顾家人。

1934年5月13日，第三次临产的庐隐已是高龄产妇。为了节省开支，减轻家庭经济压力，庐隐没有去正规的医院，选择在自家弄堂的小屋里分娩，最后不幸发生了意外。

因为子宫破裂导致大出血，庐隐带着遗憾离开了人世。

庐隐曾说："受尽苦难的人，才会去上帝那里寻找慰藉。"她还如此年轻，但她确实经历了太多的苦难，如果真的有上帝，希望她在那里找到慰藉，找到一心追求的真爱。

或许，临终前的庐隐也明白了，她这一生都太盲目了，真正的爱不是华丽的诗章，而是现实的陪伴和真切的体贴。

妻子去世之后，李唯建陷入深深的悲痛和无限的自责中，如果不是他坚持再要孩子，庐隐是否就不会难产而死？如果当初多给妻子一些关爱，她的身体是否就不会这样劳苦？

世上却没有如果，庐隐终归已去，带着她对爱的追求。李唯建在她死后出现神情失常，无力抚养两个女儿，便把大女儿郭薇萱交给她舅舅黄勤，著作版权也归她所有，小女儿则跟着自己回到了四川老家。

晚年的李唯建一直活在回忆里，谁也不能否定他对庐隐的爱，它那么鲜活，那么真实。他爱她的才华横溢，爱她的善良体贴，可惜他太年轻。

不管怎样，他始终是庐隐生命里最夺目的亮色，是灰暗里的一点光芒，虽然微弱，转瞬即逝，但对庐隐来说，已经足够。

煮字为药：

如果生活为你准备了一个又一个灾难，坚强地扛过去，终会发现峰回路转之后的桃花流水、小桥人家。

庐隐的爱情即是如此，曾几何时，她以为爱情是说不破道不清的朦胧，她以为爱情是轰轰烈烈的冲击，直到历经风雨，她才懂得，平平淡淡的相依相守才是最难得的。

爱情的真谛，何尝不是在一日三餐的相互陪伴之中呢？

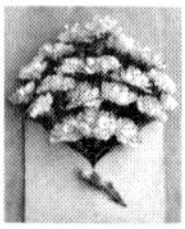

有你一切都好

——丁玲·胡也频

丁玲原名蒋伟，1904年出生在湖南常德，母亲余曼贞是常德女子师范速成班的学生，同时也是向警予的同学。她从小受母亲影响，以向警予为榜样，性格坚韧而独立，追求一切新事物，这注定了她不会像普通姑娘的人生一般平淡无奇。

蒋家是个没落的官僚望族之家，父亲早逝，母亲带着丁玲姐弟俩在很多地方辗转求学、工作，还常常参加各种社会活动，这些无一例外地影响了丁玲。

1918年，丁玲考入桃源第二女子师范学校预科，并结识了二年级的王剑虹。

丁玲在书信写道：“我们的教室、自修室相邻，我们每天都可以在走廊上相见。她好像非常严肃，昂首出入，目不旁视。我呢，也是一个不喜欢在显得有傲见的人的面前笑脸相迎的，所以我们都不打招呼。但她有一双智慧、犀锐、坚定的眼睛，常常引得我悄悄注意她，觉得她大概是一个比较不庸俗、有思想的同学吧。”

果然，在1919年五四运动爆发后，我们学校的同学行动起来时，王剑虹就成了全校的领头人物……她口若悬河的讲词和临机应变的一些尖锐、透辟的言论，常常激起全体同学的热情。她的每句话，都引起雷鸣般的掌声……”

王剑虹的父亲是同盟会的成员，后来曾任孙中山先生的秘书，丁玲与她成为好友后，两人商量着一起投身革命事业。

1919年，五四运动爆发，丁玲剪去了象征着“旧”的辫子，积极参加学生运动。同年，她转入周南女子中学，不久，学校辞退了陈启明老师，而陈启明便是与毛泽东共同发起创建新民学会之一的人物。她为了向学校抗议，愤而退学，转校到了岳云中学。

1921年，丁玲在母亲和王剑虹的鼓励下，去了上海，并在一所由共产党创办的平民女子学校读书，而在这所学校授课的名人有陈独秀、刘少奇、茅盾等。

丁玲和王剑虹原本是打算在上海一起努力，希望有所作为，但理想与现实之间有着巨大的落差，她们毕竟是两个年轻的小姑娘，梦想很多，但耐力不够。不久后，两人双双离校，奔赴南京。

在南京的日子，她们结识了瞿秋白，在他的劝说下，丁玲和王剑虹又回到上海，进入上海大学文学系读书。此后，王剑虹与瞿秋白火速恋爱并结婚，但不到一年，王剑虹却因病去世，瞿秋白又快速另娶。

王剑虹的病逝和瞿秋白的“背叛”让丁玲痛苦不已，她在上海近两年以来的情绪统统爆发了，悲伤、苦闷、无奈和迷惘，这些促使她下定了决心：离开这个伤心之地，到北平去。

1924年，丁玲来到北平求学，与好友曹孟君一起住在西城辟才胡同的一个补习学校里，准备投考美术学校。曹孟君当时正与左恭恋爱，而胡也频又与左恭相熟，丁玲自然而然地也就与胡也频结识了。

那时的丁玲是典型的文艺女青年，从小接受西式思想的教育，长得漂亮，更是花儿一样的年纪，才有几面之缘，她便深深地印刻在胡也频的心里。

但丁玲并没有留意到这个青年，她也没有谈恋爱的打算，因为她考艺术学校失败了，打算去法国，却又遭到母亲的反对。长期的漂泊和生活的不如意，让丁玲陷入愁苦与闷闷不乐中。

当得知了相依为命的弟弟因肺病去世的消息，丁玲更是感到雪上加霜。她惶惶不可终日，觉得天昏地暗。

得知此事的胡也频匆匆赶到丁玲住处，又因害羞和不知所措，只送上满满一纸盒的玫瑰花，附上纸签“你的一个新弟弟所献”后，便逃离了。

对于这个“新弟弟”的表白，丁玲并不领情，苦闷之下，她写信给鲁迅求助，而鲁迅当时正与现代评论派口诛笔伐正酣，误认为这是对手的恶作剧，未予理会。丁玲的情感再次受到打击，为了安慰她，胡也频亲自上门拜访鲁迅，递上了署名为“丁玲的弟弟”的拜帖，鲁迅依旧认为是恶作剧，怒不可及地派人赶走了他。

就在这时，在北平孤独无依的丁玲接到了王勃山回湖南的邀请，于是她义无反顾地回了湖南。

丁玲走得匆忙，甚至来不及告知好友，更遑论只见过几面的胡也频。

而胡也频的眼里心里脑子里全是丁玲，得知她离开后，他便找朋友借钱，一路追随到了常德。

有一天，丁玲正与母亲聊天，忽然听闻有人敲门，她走过去，门外正是多日不见的胡也频。此时的胡也频一身白长衫，除了一套随身换洗的衣裤，身无长物，看上去狼狈极了，他甚至连人力车钱都拿不出，是丁母支付的。

但是，在丁玲眼里，这样风尘仆仆的胡也频却比任何时候都要动人，也许是因为久别重逢，也许是胡也频到来太意外，也许是她苦闷的生活正需要激情，总而言之，她被感动了。

丁母更是热情地招待了这个不远千里万里为自己女儿赶来的青年，他的热情、执着、勇敢不仅俘获了丁玲的心，也获得了丁母的认同。

在常德的山清水秀里，他们谈天说地，从诗词哲学谈到国家命运，彼此越走越近。美好的爱情滋生了胡也频创作的灵感，他深情地为丁玲赋诗："追到人静夜深，灯花俱灭，在黑暗的狂野，我痛哭了——终因落叶的和谐。"

这段宁静美好的生活是短暂的，五卅运动后，两人启程回到北京。1925年，他们在香山碧云寺下面的村子里租了房子住下，二人的关系就像《莎菲女士的日记》里的毓芳和云霖，“像小孩过家家一样爱了起来”。

丁玲曾经在一封给日本学生的复信中这样写道：“1925年暑假，胡也频到了湖南。我那时的确对恋爱毫无准备，也不愿用恋爱或结婚来羁绊我，我是一个要自由的人，但那时为环境所拘，只得和胡也频作伴回北平。

本拟到北平后即分开，但却遭到友人的误解和异议，我一生气，就说同居就同居吧，我们很能互相理解和体贴，却实在没有发生夫妻关系。我那时就是那样认识的。”

换了时间和地点，丁玲对胡也频的态度也有了微妙的变化，他曾经是她溺水时的稻草，现在她已经游上了岸。但不管怎样，他们同居了，开始正儿八经地过日子。

“幸福不是在有爱人，是在两人都无更大的欲望，商商量量平平和和地过日子。”他们也在践行着这样的幸福观，丁玲每天除了忙碌柴米油盐酱醋茶，也会翻译几部小说，这样的生活平淡而温暖。

当时他们都没有什么名气，胡也频靠着写小说、写诗挣稿费，偶尔，他也会去给人编副刊，换取微薄的酬劳。他虽然不富有，但却全心全意的宠着丁玲，只要拿到钱，就忙着给她买好吃的、买衣料、买书，常常是钱还没揣热乎就呼啦啦地花出去了。

相比之下，丁玲没有工作，也更加不会持家，日常花销就靠着每月母亲寄来的20块钱。一来二去，两人的生活越来越拮据，他们或者进城向朋友借钱，或者去典当一些物品。好在两人都不是贪图物质享受的人，在去典当的路上，看到天上漂亮的云朵，雨后新出的嫩草，这些春夏秋冬的常见景色，都会让他们忘记了此行的目的，席地而坐便侃侃而谈，开怀不已。

香山期间的丁玲阅读了大量的文学作品，如《包法利夫人》《茶花女》等，在读书之余，她也和胡也频、沈从文谈论文艺，有时语出惊人，引得胡沈二人惊叹不已，称赞她已经可以写作了，完全够格当一个作家。

丁玲却不以为然，她根本没想过当作家。胡也频和沈从文正商量自己办刊物，将自己的作品刊印出来，他们积极劝说丁玲参与其事，她却断然回绝，申明只当读者，或者帮着校对，绝不参与供稿和编辑。

胡也频试图用激将法，丁玲一下子看透了他的意图，笑着拆穿他，这件事不了了之。

这种平淡的生活或许温馨，却少了几分激情，于是在冯雪峰出现时，丁玲毫不意外地心动了。冯雪峰是湖畔诗人，也是教习丁玲日语的老师，初次见面，她内心里还觉得他外貌平凡，有些丑，但随着交流的深入，他的才华让她彻底倾倒。

可是，爱情永远具有排他性，是没有办法分享的。纠结之下，丁玲忍痛做出了决定："虽然我深深地爱着另外那个人，但我和也频同居了许多时候，我们彼此有一种坚固的感情的联系。如果我离开他，他会自杀的。"

她和胡也频回了上海，此时已是1928年。

在此之前，丁玲已在上海的《小说月报》发表了处女作——《梦珂》，这年，她又发表了《莎菲女士的日记》，因此声名大噪。丁玲和胡也频都是涉世未深的读书人，带着对这个世界非黑即白的认知，以为光靠卖稿子就可维持生计，不屑与金钱至上的商人打交道。于是，他们和沈从文一起借债创办了红黑出版社，出版《红黑》《人间》等刊物，但因为不善经营，最后以亏本草草收场。

1930年，胡也频为了生计前往济南教书，将丁玲留在上海，让她安心写稿。但是，此时的丁玲与胡也频不是“过家家”的爱了，是真正的爱情了。

“我们彼此没有义务，完全可以自由。但事实慢慢变得似乎仍然应该要负一些道义上的责任。我后来认为那种想法是空想，不能单凭主观，1928年就决定和也频白首终身，断绝了保持自由的幻想。”

他们要白头偕老，他们要生死与共。

在分离的短短一月间，两人鸿雁传书，信件源源不断，全都是述说着思念的滋味，丁玲对胡也频说：有你一切就好，即便是伟大的诗人啊，也体会不到一个在思念着爱人的心情。

很快，丁玲追着胡也频去了济南。此时的胡也频在思想和性格上都发生了变化，他激情澎湃地宣传着马列主义，积极地为革命奔走。丁玲对此既欣喜又支持，然而，他们也为此陷入了麻烦，济南当局要抓胡也频，两人在校长张默生的支持下回了上海。

1930年5月，胡也频和丁玲在潘汉年的宣传下加入了“左联”。这是一个以鲁迅为盟主的进步作家联盟，他们由此走上了文学战士的革命道路，而胡也频更是担任了领导层的职务。

此时的丁玲已经怀有身孕，安心在家待产。

1930年11月8日，一个名叫胡小频的男孩儿出生了，给这个小家庭带来了喜悦和希望，然而，厄运再次光顾了他们。次年1月，胡也频不幸被捕，“左联”和丁玲本人多方营救，终未成功，2月7日，他被国民党残杀在上海龙华荒郊……

也许我们永远也无法知晓，在焦急和担忧中的丁玲是怎样的度日如年，怀里是尚在襁褓的幼子，远方是困在牢笼里的丈夫。但肯定的是，那时的她在心里早已将“有你一切都好”念了千百遍，然而，一切却都回不去了。

回不去初识时的灿烂，回不去再见时的依依难舍，回不去常德的好山好水好时光，回不去上海相爱时的郎情妾意。

“有你一切都好”，她会带着回忆里的甜蜜，陪着小频长大，带他走父母曾经走过的路，回忆那些在爱情时光里的磕磕绊绊和酸甜苦辣；带他走遍常德的山山水水，去香山住上几晚，去杭州游一回西湖，去上海去买一次《小说月报》。

她也会有后悔吧，后悔相识太早，相爱太晚。可是，世间的事情是无法预料，也是无法更改的，后悔也是无济于事，看看红了樱桃，绿了芭蕉，白驹隙中过，只留她一个人在时光里孤老。

胡也频对丁玲的意义，我们不知，但《莎菲女士的日记》里那大了莎菲整整四岁的苇弟，似乎是有着早期胡也频的影子。苇弟深爱着莎菲，那是真率的爱，毫不掩饰的爱。苇弟时常会哭泣，会因为莎菲的不搭理而流泪不止，但他始终如一爱着莎菲，原谅莎菲的骄纵和坏脾气，不嫌弃莎菲的肺病会传染给自己。

这样的苇弟，莎菲自己也说不清到底对他是什么样的感情：她会因为苇弟的未如约而至而忧伤；来了又嫌苇弟烦；等苇弟要走时“又因寂寞而感到惆怅，而恨起他来”。

原来真正的爱情，是在时光的平淡里重新发现爱情。

煮字为药：

丁玲与胡也频的爱情从来都不是一帆风顺的，好不容易郑重相爱之后却又生死永隔。

然而寻觅的路途何尝不是如此，风风雨雨的坎坷才会叫人发现自己最重视与渴望的是什么。认清自己的心，认清自己的爱，从来都不简单。

花要开了，一切都是为你

——闻一多·高孝贞

一见钟情的爱情猛烈如烟火，在夜空里突然绽放，让人猝不及防，也让人目眩神迷，可惜却无法永恒；日久生情的爱情缓慢如流水，在不知不觉的时候累积，最后汇成江河，时间越久，越是广阔身后。

闻一多和妻子高孝贞的爱情就是如此。

虽然民国已开始倡导婚恋自由，但是很多人仍然无法摆脱封建家庭的包办婚姻，徐志摩如此，闻一多也是如此。

闻一多出身于书香门第，爱好古典诗词和美术，从小就聪明过人。他14岁便以优异的成绩考上清华大学，是闻家的骄傲和希望。

随着闻一多的离家求学，闻家族人开始犯愁。他的父母担心儿子这一去就再也不回来，决定给他一门亲事，以此拴住他的心。刚好，闻家姨表亲看上了闻一多，年少聪明，相貌堂堂，这样的人分明是最好的女婿人选，于是他主动提出了婚事。

闻一多并没有反抗，也许是太过年幼，不懂婚姻是一生的牵绊；也许是此时的他还没有接受新思想的洗礼，没有自由恋爱的概念；也许是他太过孝顺，总之，他和高孝贞订婚了。

未来不见太好也不见得太坏，抱着顺其自然的态度，过随遇而安的生活，这也许就是闻一多订婚时的心态。

在清华的日子，闻一多学习刻苦，每日与书卷相伴，在书香中沉淀自己。同时，他也喜欢参加各种文艺活动，结识了不少志趣相投的好友。大学生涯一晃而过，快乐而短暂，或许闻一多也想过那个在家等着自己回去的高小姐；或许他在面对那些文质彬彬的女学生时，也后悔过父母的武断，但他毕竟不是风流的徐志摩，既没有一纸休书断了婚约，也没有另结新欢，而是一心一意地做学问。

眼看着他要毕业了，闻家开始催促他回家结婚。当时知识青年喜欢出国留学，闻家担心闻一多也会出国，那高小姐岂不要在闺中等到天荒地老？婚事不能再拖。

家书一封封地堆积在闻一多的书桌上，他左右为难，一边是含辛茹苦的父母，一边是西方自由恋爱的洗礼，他陷入了深深的矛盾中。但是闻一多的骨子里还是孝顺的，父母之命不可违，在一次次挣扎无效之后，他接受了父母的安排。

有什么比娶一个不了解的人更委屈呢？为了维护自己最后的原则，闻一多向父母提出婚礼的仪式一切从简，不祭拜祖先，不行跪拜礼，不闹洞房。闻家欣然同意了，闻一多愿意回来迎娶高小姐已经符合他们的心愿，仪式什么的都不重要。

婚礼如期而至。闻家笼罩在一片喜庆的红色中，鞭炮声一阵赶着一阵，前来贺喜的人也是络绎不绝。热闹的人群中，独独不见新郎的人影，而送亲的队伍已经敲锣打鼓地到了门口，闻家父母又惊又急，连忙派人去找。

所有人都以为闻一多会逃婚，他却一个人躲在书房里，专心读书。逃婚会让父母难过，逃婚也会影响高小姐的名节，所以他以这种最简单的方式抗议父母的专制。

闻一多被强行拉出去，拜了堂，但他并不打算接受这段婚姻。婚后很长一段时间，他对妻子都很冷淡，就算是在蜜月期，他们相处得也不和睦，他一头埋在书堆里，她个性贤淑，虽然委屈，却也不敢和他抱怨。

高孝贞是典型的传统女人，大字不识几个，以夫为天，坚韧能干，里里外外的操持家务。面对闻一多的冷淡，她从不计较，反而支持他专心治学；有时候闻母问起两人的情况，高孝贞也会说闻一多对她很好，替丈夫遮掩。

聪明的女人就应该这样，温婉柔顺，包容万物。

高孝贞的温柔慢慢打动了闻一多。既然已是夫妻，对方也尽心尽力地照顾自己，闻一多也开始尝试着改变态度。然而，一个学富五车的清华才子，和一个不识字的乡下姑娘能聊点什么呢？他们没有任何共同的爱好和兴趣，理解更是无从说起。

为了改善两人的关系，闻一多想到了让高孝贞去上学。都说女子无才便是德，闻家虽然通情达理，但也是个封建旧家庭，怎么会愿意让儿媳抛头露面地去读书？况且，闻家需要的是孝顺长辈、勤俭持家的媳妇，而不是一个能写会画的才女，更不是一个接受新教育后难以管教的新女性。

闻一多从来不违抗父母之命，但在这件事上，他难得的坚持己见，在他的说服下，闻家送高孝贞进入了武昌女子职业学校。

尽管分隔两地，闻一多却始终关注着妻子的学习，他常常给她写信，列举外国著名女性的成功例子，以此来激励她。高孝贞是勤奋的，随着看的书越来越多，她和闻一多的感情也开始出现转变，两人有了共同的话题。等到闻一多赴美留学，他们的感情已经一日千里，临行前，他依依不舍地写下《红豆》，表示对妻子的思念。此刻，高孝贞不再是一个被迫接受的妻子，而是一个心心相知的爱人。

闻一多的性情内敛而含蓄，在男女关系上更是如此，正如梁实秋所说："他为人热情如火，但在男女私情方面总是战战兢兢的，在萌芽时就毅然掐死它，所以这首诗里有那么多的凄怆。"闻一多不像别的诗人，不会追求汹涌澎湃的爱情体验，也不会要求对方浪漫风情，他喜欢含蓄之美，喜欢细水长流的平凡和真实，高孝贞恰恰满足了这点。

直到闻一多回国，到北平国立艺专任教后，他和高孝贞终于过上终日为伴的家庭生活。高孝贞虽然出生在传统封建家庭，但高父比较开明，并没有向女儿灌输愚昧的封建思想，她没有裹脚，性格也不木讷，加上闻一多送她去学校念书，她已经逐渐成长为一个新女性，很多看法都和丈夫默契十足。

在北平一年的时光里，夫妻俩过着举案齐眉、相敬如宾的日子，他们的感情也逐渐升温，虽不热烈，却长久而平稳。高孝贞擅长打理家务，事无巨细，都整理得井井有条，贤惠能干。

闲暇之余，夫妻一起读读唐诗，谈谈自己的见解；或是一起去品茶、游玩；这种闲散的日子充满快乐。

可惜好景不长，因为时局的动荡，闻一多四处辗转任教，换取微薄的薪水来供养妻儿，夫妻俩开始过着时聚时散的生活。然而，距离和时间并未影响他们的感情，长久的别离之后，每次的相聚更加显得珍贵，也让彼此的感情更真挚强烈。

在这样艰难的岁月里，闻一多更加感激妻子，如果不是她的贤惠和付出，他不可能专心教书和研究学问。

五年后，爆发卢沟桥事变。在时代的洪流里，个人是最渺小卑微的，身不由己，无数妻离子散、骨肉分离的悲剧在上演。

“这时他们都出去了，我一个人在屋里，静极了，我在想你，我亲爱的妻。我不晓得我是这样无用的人，你一去了，我就如同落了魂一样。我什么也不能做。

前回我骂一个学生为恋爱问题读书不努力，今天才知道我自己也一样。这几天忧国忧家，然而心里最不快的，是你不在我身边。亲爱的，我不怕死，只要我俩死在一起。”

战争让闻一多和高孝贞分隔两地，他深深地思念着远方的妻子。这种思念让他穿过重重战火，在生与死的边缘徘徊，最后冒着危险回到武昌和高孝贞团聚。

再和睦的婚姻也会有争执，闻一多和高孝贞也不例外。在武昌时，教育部次长顾毓琇邀请闻一多参加正在组建的战时教育问题研究委员会，闻一多拒绝了。他喜欢学术，对于做官是极其厌恶的，他不愿意在官场上磨灭自己的棱角，而作为一位诗人，鲜明的自我是必备的因素。

高孝贞知道这件事后很生气，一向支持丈夫的她表现出强烈的反对，她希望闻一多能够接受这个工作机会，一来家庭有了稳定的收入，二来他们夫妻可以一同留在武昌，不必再分开。她的考虑不无道理，但闻一多的温顺的性格里也有执拗的一面，尤其这件事涉及原则，他不肯退步。

夫妻俩为此争执了很多次，双方都有了心结，以至于闻一多回长沙那天，高孝贞也没有送他。

闻一多虽然固执己见，但他也能体谅妻子的苦心，还没离开武汉时，他就写信请求妻子原谅，然而高孝贞不搭理。到达长沙后，他的信更是一封接着一封，时局动荡，战火纷飞，他道歉之余，也担忧家里是否安好，而高孝贞始终回以沉默。

“何以此次狠心至此！”

闻一多联系不上高孝贞，心里备受煎熬，无奈之下他又写了长信向她解释。

“这里清华北大南开三个学校的教职员，不下数百人，谁不抛开妻子跟着学校跑？你或者怪了我没有就汉口的事，但是我一生不愿做官，也实在不是做官的人，你不应该勉强一个人做他不愿做也不能做的事。我不知道这封信写给你，有用没有。如果你真是不能回心转意，我又有什么办法？儿女们又小，他们不懂，我有苦向谁说去？

“如果你马上就发信到昆明，那样我一到昆明，就可以看到你的信。不然，你就当我已经死了，以后也永远不必写信来。”

他爱妻子，更希望妻子理解他，这种理解超越生死。

高孝贞收到这封信，看到后文的“死”，所有的气都消了，她怎么忍心自己所爱的人去死，就算提及死也是忌讳的话。高孝贞立刻给闻一多回信，闻一多收到信高兴极了，他的激将法奏效了。

“到此，果有你们的信四封之多，三千余里之辛苦，得此犒赏，于愿足矣！你说以后每星期写一信来，更使我喜出望外。希望你不失信，如果你每星期真有一封信来，我发誓也每星期回你一封。”

婚姻是相互体谅，相互扶持，口舌之争是免不了的，但只要两人同心同力，没有什么难关过不了。纵观闻一多和高孝贞的一生，即使有过短暂的争执和罅隙，有过分离，但两人的心始终在一处。

“这些时一想到你们，就心惊肉跳，现在总算离开了危险地带，我心里稍安一点。但一想到你们在路上受苦，我就心痛。想来想去，真对不住你，向来没有同你出过远门，这回又给我逃脱了，如何叫你不恨我？过去的事无法挽救，从今以后，我一定要专心侍奉你，做你的奴仆。只要你不气我，我什么事都愿替你做，好不好？”

局势越来越动荡，闻一多远离妻儿，对一家子的生活鞭长莫及。尤其是遇到战争，高孝贞拖着儿女逃难，他既心痛又内疚，只能寄去一封封关怀的信。高孝贞从不埋怨他，那些信里的情真意切，她都了然于心。

国不安，小家如何安？经过半年的奔波劳累，闻一多和高孝贞终于再次团聚，但他们的生活依然艰难。战乱导致物价飞涨，闻一多的工资已经不够家庭的开销，日子过得窘迫急了，无奈之下，他只得变卖自己的书籍，连自己的唯一的狐皮大衣也拿到当铺典当。结果他大冬天的发起了高烧，高孝贞又赶紧去把大衣赎回来，并让闻一多发誓再也不乱当东西。

艰苦的生活让闻一多和高孝贞的感情越来越牢固。他们住在郊外简陋的小屋里，却过着如同神仙眷侣一般幸福的生活。高孝贞在家里烧水做饭，等待在学校上课的闻一多；每当到了闻一多快回家的时辰，孩子们便在路口张望等候，看到他的身影，便一起扑过去；等进了屋，闻一多便和妻子讲外面的见闻，考考孩子们学习的长进。

爱是世上最奇妙的东西，它用一股温暖的力量，让人甘愿牺牲，让人沉醉其中。

为了省钱，闻一多决定戒烟。虽说烟酒有害身体健康，但是高孝贞却不同意，因为这是闻一多难得的最爱，她不忍心丈夫这点乐趣都失去。即使日子过得再苦，高孝贞也给他省出一笔烟钱，不仅如此，她还亲自为闻一多炮制烟管。

随着闻一多在国内的名声越来越响，他终于被反动派盯上。尤其是在李公朴殉难后，闻一多成了特务们的首要目标。也许，此时的他早已预知自己的命运，但他不愿屈服，在李公朴的追悼会上，他还发表了一番激情昂扬的演讲。不幸的是，当天下午，他就在家门口被暗杀了。

这位伟大的诗人倒在血泊之中，生命定格在四十八岁。

闻一多曾说过："只有对感情忠实的人，才能尝到感情的滋味。"他一生之中只有高孝贞一个女人，真正地做到了忠实于爱情。

闻一多死后，高孝贞悲痛却坚强，她改名高真，继承了他的革命事业。

1983年11月，81岁的高真病逝。1996年，根据高真生前遗愿，由子女将她的骨灰合葬于闻一多墓，墓碑改建为"闻一多·高真"墓，终于完成闻一多生前的愿望，死也要死在一起，再也不分离。

煮字为药：

一见钟情固然是生命的礼物，日久生情则是建立在两人完全了解和懂得之后，更加难得和稳定。

生活的磨砺叫两个相敬如宾的人逐渐懂得对方的珍贵，那种逐渐融入生命的、呼吸与共的爱情，更是亲情。

爱是一种成全

——张学良·于凤至

提到张学良，大家立刻会想到他和赵四小姐那段倾国倾城的恋情，但很少有人知道，在他背后还有一个默默奉献的原配于凤至。

于凤至生得极美，端庄秀雅。她的父亲于文斗是当地有名的商人，在张作霖打仗缺少军饷的时候，于文斗出钱主动支援，两人因此成了好友。

于凤至性格温婉，聪明伶俐，从小喜欢读书，而且过目成诵。一次，于文斗让一个瞎子给女儿算命，瞎子说于凤至是凤命，此生必然大富大贵，而且旺夫。当时张作霖正好上门拜访，听到这番言论，不禁动了心思。他是个武人，常年征战在外，生死难测，听到于凤至是旺夫的富贵命，他深信不疑，立刻就想到了儿子张学良。况且，他算是东北的土皇帝，将来这些都是儿子的，要是于凤至嫁过来，岂不是应了“凤命”一说？

再者，于家也小有家当，配得起张家，而且于凤至乖巧贤淑，正是理想的儿媳人员，这门婚事怎么看都不亏本。张作霖把自己的想法告诉于文斗，于文斗自然乐意这门婚事。军阀混战，社会动荡，于文斗的家产常常受到土匪的威胁，而张于两家成亲，正好解决他的后患之忧。

为了万全，张作霖和于文斗商量后，把儿女的生辰八字又拿给另外一个算命先生——包瞎子，当天，包瞎子便给他们合婚，最后得出的结果是：两人乃天造之合。张作霖大喜，当场和于文斗定下这门婚事。

此时，正值少年的张学良懵懂无知，完全不知道自己的父亲已经安排好他的终身大事。

一个算命的话，改变了于凤至的一生，不知这是幸，还是不幸。以于凤至的才貌，若是不入大帅府，也能嫁个称心的青年才俊，说不定两人白头偕老，儿孙满堂；可是青年才俊很多，少帅张学良却只有一个，遇到他、爱上他、嫁给他，如果没有他，她也不会成为传奇。

那时的张学良风流随性，自然不肯结婚。张作霖劝说道：正室必须听从我的安排，以后你想在外面拈花惹草，我是置之不理的。

转头，张作霖又对于家承诺，张学良这辈子都不会纳妾。

到了见面的日子，张学良几次半路逃脱。听到风声的于凤至也恼了，决心毁婚。媒人吴俊升急得团团转，他知道张作霖的性格，要是这段婚事成不了，他必然会受到惩罚，情急之下，他想到一个办法。

于凤至曾经让吴俊升帮忙买画，他推测于凤至是个爱画之人，于是谎称在某个店铺相中了一幅很好的画，请她前去鉴赏。于凤至果然上当，兴致勃勃地和他约好了去看画的时间。

吴俊升转身就跑到了张家，找到了张学良，极力鼓动他去暗中相看。张学良最后同意扮成书店老板，去见于凤至一面，若是对方粗野蠢笨、其貌不扬，他就断然拒绝这场婚事。

到了约定的时间，吴俊升带着于凤至去了事先约好的店铺，张学良站在柜台旁边，看到了这位想象中的“乡姑”小姐。他暗暗称奇，对方原来是位端庄秀雅、落落大方的大家闺秀。

美人分很多种，有些美人胸大无脑，空有一副好皮囊，只能充当花瓶，有的美人则内外皆秀，他张学良要找的，自然必须是后者。

于是张学良便想趁机考考于家小姐的才华，他拿出一幅郑板桥的《竹兰图》递给于凤至，于凤至看了看，便问多少钱。张学良随口说三千块，于凤至一听便笑了，说这幅画连三十也不值，因为是假画。

张学良很是高兴，他故作不悦地说，姑娘不能贬低珍品的价值。于凤至伶俐地辩道：这幅画只有空架子，没有神韵，显然是后人伪造的赝品。

这一来一回的切磋，让聪明的于凤至看出了端倪，眼前的男子样貌清秀，年纪轻轻，看着实在不像一个市侩老道的画店掌柜，再联想到吴俊升的邀约，她很快猜出了对方的身份。

等张学良再拿出一幅真正的草书作品时，于凤至决定故意刁难一下他。她一眼认出这是大文豪苏轼的真迹，却佯装不知，故意问起了价格。张学良此时已无心卖画，有心戏弄她，随口说了八百。于凤至立刻支付一千，这时候张学良哑巴吃黄连，有苦说不出，早知道这幅画实际价值在万元以上，剩下的差价只有他自己掏钱补齐。

随后，于凤至拿出自己带来的画，递给张学良，让他估个价。张学良打开一看，是《钟馗捉鬼图》，他不是很懂画，但是又想在于凤至面前显摆一番，于是满口称赞，认定这是吴道子的真迹。于凤至一听便笑出了声，戏谑道：这明明是吴道子门生黄筌的画，你这位掌柜太不称职，连画都不懂，却来卖画。

经此一遇，于凤至这颗朱砂痣成功的点在了张学良的心上。回到家里，张学良心心念念的便是于凤至的身影，当晚便写下《临江仙》，以表情意。张作霖知道儿子的心意后，十分高兴，开始积极地张罗婚事。

于凤至大张学良三岁，张学良喜欢称她为大姐，婚后也改不了。在他们的日常相处中，她确实也扮演了姐姐的角色，关爱之余也充满了包容，替他打理家族，帮他孝敬亲长，偌大的大帅府被她管理得井然有序。

张家上下都很满意于凤至这个儿媳。

于凤至自小识文断字，读过不少书，婚后也没荒废学业，常常去东北大学南校法科旁听。论真才实学，张学良不及她，所以他内心始终高看她一等，欣赏中还掺杂着钦佩。

张学良有一次外出打仗，久久未归，于凤至在思念之下写了一首小诗，字里行间都是担忧。哪怕他在外拈花惹草，她一心期盼他平安回来。

“恶卧娇儿啼更漏，清秋冷月白如昼。泪双流，人穷瘦，北望天涯揾红袖。鸳枕上风波骤，漫天惊怕怎受。祈告苍天护佑，征人应如旧。”

她德才兼备，温柔娴淑，就像供在玉瓶里的牡丹花，他虽然喜欢，却还是忍不住去招惹外面的花花草草。

正如张作霖所说，婚姻根本无法约束儿子的本性。他猎奇心切，热衷于各种舞会，结交各种名媛淑女；他贪玩，有时半夜才回家，有时更是彻夜不归；他也任性张狂，为了哄女人一笑，竟然带女人乘坐军用飞机，遨游北平……

好在张学良虽然风流，却不算荒唐，他从心底是敬爱着自己的妻子，尽管是敬大于爱，但不管怎样，他从不会让外面的女人动摇于凤至的地位。

于凤至曾经在生孩子时难产，生命垂危，当时家里人都以为于凤至活不过来了，恰好于凤至有个侄女生得娇小美貌，和她性格相似，他们都劝张学良娶于凤至的侄女。张学良果断拒绝，他认为这时候答应娶别的女人，就是在诅咒自己妻子早死，他不能这么做。

也许是上天的眷顾，于凤至撑过了这一劫，事后，她对张学良更加的死心塌地，晚年也一再提起这桩旧事。

她爱得卑微而虔诚，他不过是给了一点微末的善意，她就心满意足，铭记终生。

对张学良而言，于凤至就像他的左膀右臂，不可割舍。没有深爱又如何？他离不开她。

张作霖过世后，整个家族都扛在这对夫妇的头上，他主外，她主内。大帅府有那么多人要养活，张作霖留下那么多姨娘，老的要吃饭穿衣，小的要读书应酬，这些都得于凤至打理，她也处理得很好，一切都井然有序。

这样的她，是谁都无法替代的，张学良比谁都明白。

如果就这样相互扶持一生，或许他们也是一对佳偶，可惜在他们之间多了一个赵四小姐。张学良与赵四相识于天津著名的舞场蔡公馆，两人一见钟情，也许是少帅习惯了妻子的温柔体贴，赵四的出现仿佛带他进入了另外一个世界。她天真烂漫，性格活泼，生得又妩媚动人，和于凤至完全是不同的人，张学良是风月场里的老手了，自然不会错过这个美人。

赵四也是出身名门的大家闺秀，对于她和张学良的这段感情，赵四的父亲极力阻扰。性格叛逆的赵四断然退学，和家里决裂，跑到沈阳找张学良。

当时，赵四跪在地上请求于凤至收留，声称就只做少帅身边的秘书，她也心甘情愿。于凤至身边的朋友都劝她不要留下赵四，但于凤至却心软了，赵四已经和家里决裂了，她又年轻，无处可去，也无技能傍身，难道让她流落街头吗。于凤至不忍心，便同意把她暂时留在少帅身边做秘书。

不过于凤至也向赵一狄提出了三个条件：一是假如以后他们有了孩子，孩子不能姓张；二是赵一狄不能进帅府；三是张学良不能给她名分。

此后，张学良把赵四安排在自己北陵的别墅里住下，从此以后很少回帅府，名义上，赵一狄只是他的秘书，但是他们已经公开在一起。

西安事变后，张学良遭到蒋介石软禁。此时，正在国外陪伴子女读书的于凤至连夜赶回国内，去找宋家求情。

于凤至和宋家关系很好，她认了宋美龄的母亲做干妈，被认为是宋家第四个女儿。她希望通过宋家见到蒋介石，但蒋介石拒绝了；她又去找宋美龄，对方亦表示爱莫能助。于凤至百般无奈，最后提出去陪伴张学良，蒋介石答应了。

世人只知道赵四陪伴了张学良半辈子，有谁知道于凤至的奔走和焦急。

看到备受煎熬的张学良，于凤至心里也同样备受煎熬。一个曾经驰骋在沙场的军人现在成了阶下囚，一个天之骄子现在跌入谷底，这巨大的落差让张学良一蹶不振。于凤至比他更难过，她刚刚经历了丧子之痛，现在又陪着丈夫遭遇牢狱之灾，这种痛苦是外人不能体会的。

精神上的折磨让于凤至倒下了，她患上乳腺癌，病情一天天恶化。她不愿意离开，但是她必须去国外做手术才有活下去的希望，张学良极力劝说她离开，并让她不要再回来，安心留在子女身边。

或许他知道自己下半生都会在监狱度过，他唯一能为这个发妻做的，就是让她余生好过一点。

在宋子文的帮助下，于凤至独自去了美国看病。在养病的日子里，于凤至无时无刻不牵挂着少帅，她坚强地活了下来，并在洛杉矶定居。不仅如此，她还努力学习外语，学着做房地产生意，学着挣钱，只为了少帅出狱后能有很好的生活，她甚至规划了他们在美国的未来。

这时候的于凤至对赵四已经释怀了，在这场患难中，赵四没有选择离开，而是选择陪在丈夫身边，这让她感激不已。她甚至也把赵四小姐划入了未来的规划，替她买好了释放后的住所。但是，于凤至万万没有想不到，自己的痴心等待换来的却是一封休书。

后来，于凤至在自己的回忆录里提到了这件事："我思考再三，他们绝不肯给汉卿以自由。汉卿是笼中鸟，他们随时会捏死他，这个办法不成，会换另一个办法。为了保护汉卿的安全，我给这个独裁者签了字。但我要向世人说明，我不承认强加给我的、非法的所谓离婚……"

于凤至爱着张学良，张学良对她也不是无情，离婚只是被迫，出于政治上的无奈。在给于凤至的信里，他为她写了一首诗：

“卿名凤至不一般，凤至落到凤凰山，深山古刹多梵语，别有天地非人间。”

他深深地感激她，可是他已经无力为他做点什么了，连张夫人的头衔也拿走了，注定辜负。

被迫离婚后，于凤至心里还是期盼着和张学良的重逢，她坚信他终有一天会重新获得自由，而她更努力地为了未来奋斗。这个坚韧能干的女人很快成了洛杉矶华人圈的富翁，积攒了大量的财产，足够张学良和赵四安享晚年。

但是厄运却又一次光临，她的大儿子在车祸中成了植物人。

丈夫身陷囹圄，孩子一个个地离去，于凤至成了孤家寡人。她却苦苦地撑着，不让自己倒下，就像当年张作霖去世时，她劝张学良不要倒下一样，她始终坚强，她始终相信能和丈夫重逢。

她的名字前一直缀着一个“张”字，直到去世，遗憾的是她至死也没有见到张学良最后一面。

在她的墓旁，她留了一个空位给他。

煮字为药：

于凤至在孤独和思念中离开了人世，获释后的张学良并没有像她希望的那样回到她的身边。。

在夏威夷神殿谷墓园里，赵四小姐也在自己的旁边留了一个墓穴给张学良，张学良死后便葬在了这里。

爱到无可奈何就成了一种成全，很无奈，但却最真实。

在爱情这件事上，一定要明白，得不到，就一定要放得开，这是成全他，其实更是在成全自己。

一见你的眼睛，我便清醒起来

——朱自清·陈竹隐

《楚辞·卜居》有言：宁廉洁正直以自清乎？其意为廉洁正直以保持自己的清白。这是朱自清名字的由来，也是他一生的写照：饮泉清节、廉者自廉。他自谦自己只是一个大时代的小卒，事实上，他却是最有骨气的文人。

他的为人、他的婚姻爱情都清透如雪，这抔雪在那时光流逝的匆匆里，在那被微风吹散的日子里，在那盼望着的、生长着的、笑着的、走着的春天里，在那笼着轻纱的荷塘里，在那渐行渐远的父亲的背影里……等那太阳的脸红起来了，雪化了，被初阳蒸融了，留下的还是那干干净净的一汪清水。

这就是朱自清，这就是他的爱情。

朱自清的爱情如他笔下的文字，淡泊却自有那一份深挚，这份深挚渗透在两段截然不同的婚姻里，两段不同颜色的爱情故事里。

1915年，18岁的朱自清考上了北京大学，实现了寒窗学子的梦想。就在他欲挂云帆济沧海，期待长风破浪的时候，父母自作主张地给他定了一门婚事，对方是一个名医的女儿武钟谦。

1916年，也就是在北大读书的第二年，朱自清听从父母安排，迎娶了沉默寡言的武钟谦。那时候的朱自清性格内向，不善言辞。夫妻俩性格相似，这一方面避免了激烈的冲突，另一方面却让这段婚姻显得十分沉闷。

或许，平平淡淡才是婚姻的本旨，炽热的感情固然浪漫，但也会随着时间平息，反而是朴实的白开水会越喝越有味道。

武钟谦是扬州的才女，朱自清则是清华的才子；武钟谦勤劳能干，朱自清不懂家务；他们既相似，又互补，几年的相处沉淀了深厚的感情。

这段和美的婚姻却没能走到白头。因为一场流行性瘟疫，武仲谦在32岁那年不幸过世，留下三男三女六个孩子，最大的已经十几岁，最小的仍在襁褓之中。

那时朱自清正在清华大学中国文学系执教，惊闻噩耗后，他立刻昏倒在地，住进了医院，而后更是缠绵病榻，使得他竟无法回扬州去奔丧。伤痛之余，他作《亡妇诗》一首，以悼念亡妻：

俯仰幽明隔，白头空相期。

到此羁旅寂，谁招千里魂。

她走了，他羁留在世间，始终不忘两人的情意。1932年，朱自清写下《给亡妇》一书，在书中，他娓娓追忆亡妻武钟谦生前种种往事，情意真挚，凄婉动人，惋惜与怀念之情溢于言表。

“谦，日子真快，一眨眼你已经死了三个年头了。这三年里世事不知变化了多少回，但你未必注意这些个。我知道，你第一惦记的是你几个孩子，第二便轮着我……

前年夏天回家，上你坟上去了。你睡在祖父母的下首，想来还不孤单的。只是当年祖父母的坟太小了，你正睡在圹底下。这叫做‘抗圹’，在生人看来是不安心的；等着想办法哪。那时圹上圹下密密地长着青草，朝露浸湿了我的布鞋。”

朝露浸湿了未亡人的鞋，泪水模糊了未亡人的眼。

在武钟谦去世后的日子里，他的岁月变得异常静默，如倦鸟归巢，落花归土，银针入海，都没有一点声响。没有妻子的声音，也没有妻子的影子，他一个人形影相吊，头涔涔而泪潸潸。

面对一个破碎的家，朋友们都奉劝朱自清续弦，却屡屡被他断然拒绝。他们的婚姻虽然不是自愿，少了自由恋爱的浪漫，却不少执手的幸福。数年的相守，那一枕一眠里藏下的爱意，那一餐一饭里积下的深情，足以让多情善感的朱自清念念不忘。

他不需要一个新太太，家里的孩子们却需要一个新妈妈。武钟谦在世时，家里家外都被打理得井井有条，朱自清从不用插手，可是现在，面对一团乱的家事，面对嗷嗷待哺的孩子，他束手无策。

叶公超等朋友们看到他窘迫的状态，于心不忍，开始替他张罗亲事，想让他找一位佳人，续一段姻缘。

陈竹隐就是在这种情况下结识了朱自清。

那是一段精心策划的相遇，朋友们以会友为名，将朱自清哄骗到了酒楼，而陈竹隐早早地等在了那里。他毫不知情，她早已仰慕。

就像张爱玲写的那样：于千万人之中遇见你所遇见的人，于千万年之中时间的无涯的荒野里，没有早一步，也没有晚一步，正巧赶上了，那也没有什么别的可说，唯有轻轻问一句："哦，你也在这里吗？"

初次见面时，朱自清眼里的陈竹隐面庞白皙，谈吐落落大方，似一株白牡丹般优雅清新。

这位清丽的姑娘并不像外表那样柔弱，骨子里坚韧独立，她1903年出生于成都，豆蔻之年，父母双亡，一个人承受了巨大的创伤。

苦痛也许是人生最好的洗礼，离开父母的护佑，陈竹隐只得奋力自强。出身于书香门第的她从四川省立女子师范学校毕业后，又赴北平深造，成为了五四运动中塑造的新女性，有思想有文化素养，还身怀才艺。

这次的见面之后，一切都自然得如瓜熟蒂落。

一个是自立自强的新女性，师从齐白石，画艺高超；

一个是清廉守正的清华教授，大文学家，一个被毛泽东称赞为“表现了民族气概的人”。他们之间有太多能打动彼此的地方。

在后来陈竹隐写的《忆朱自清》一文中，她回忆起第一次与朱自清见面时的情景：

“他的身材不高，白白的脸上戴着一副眼镜，显得文雅正气，但脚上却穿着一双老式的双梁子布鞋，又显得有一些土气。我很敬佩他，以后他给我来信，我也回信，于是我们便开始交往了。”

朱自清那天穿一件米黄色的绸大褂，戴一副眼镜，看起来很是文雅，谁知道脚上却穿了一双老款的“双梁鞋”。这双梁鞋让陈竹隐的女同学笑了半天，说坚决不能嫁给这土包子，陈竹隐却不以为意。

朱自清对她的印象也十分美好，她活泼开朗，自立坚强，那些痛苦的遭遇在她身上并没有留下阴影，他忍不住心生怜惜。正如一个作家所言，女人对男人的爱情大多由崇拜产生，而男人对女人的爱情掺杂着怜悯的保护欲。

他再次向陈竹隐发出要约，她爽快地同意了。一饭一蔬里有他们在一起的美味时光，电车里有他们爽朗的笑声，他们还一同去看老电影，光影交错的每个瞬间，都为他们编织记忆的网络。

就这样，朱自清和陈竹隐都毫无防备地迎来了自己的爱情。朱自清之子朱思俞后来回忆说：他们一个在清华，一个住城里，来往不是很方便，所以那时写信写得比较多。

朱自清写给陈竹隐的情书保存下来的有75封，几纸素笺，说不尽的相思，道不完的情深。

秋日的黄昏总给人刹那已白头的错觉，朱自清曾约陈竹隐黄昏时去西山观景。看着满山的红叶，陈竹隐想到杜牧的诗，便随口吟出："停车坐爱枫林晚，霜叶红于二月花。"朱自清听罢，更诗兴大发，即兴改了一首唐诗："枫叶罗裙一色裁，芙蓉向脸两边开。乱入林中看不见，闻诗始觉有人来。"

陈竹隐听出诗中的余韵，刹那间羞红了脸。驿寄梅花，鱼传尺素，情意绵绵的二人开始了频繁的书信往来，他们的感情也渐渐升温。1930年年底的一次约会，朱自清在信中对陈竹隐说：

"昨晚在亚北的谈话，似乎有些意思。至少我这个笨人这样想。我佩服你那若即若离的态度，你真是聪明人！——原谅我，我用聪明两个字太频了，但我惭愧，实在找不出别的字来说明我的意思。自然，更有意思的是我们的散步——其实应该老老实实说是走路！可惜天太冷了，又太局促……希望下一个星期有一个甜的——当然还是散步！”

陈竹隐收到这封后，在回信中调皮地说：

“十一日信悉。

我的态度是‘若即若离’吗？我自己倒不觉得。我只发见自己太憨直，太欠含蓄。

从来信中，我发现了新的原则：以‘聪明’代‘笨人’，以‘笨人’代‘聪明’;这样一来，似乎字典都非重新改编不可。而在新的字典未出版以前，这笔账仍然算不清楚，只有‘由他去吧！’原来散步还有‘甜’与‘不甜’之分？这也是第一次知道。很盼望能实际领教，

一笑。”

朱自清在1931年1月28日的信中写道：

“隐弟，这一回我们的谈话似乎有一点和以前不同的地方，就是我们已渐渐地不大矜持了。”

他亲密地唤她“隐弟”，他深深地被她的开朗和才艺吸

引，陷入了恋爱的甜蜜里。那是樱桃的滋味，甜美中带几分酸涩，他迷醉于此，并且越陷越深，放下所有矜持，任凭自己随心所欲地去爱。

1931年6月12日朱自清的情书中写道：

“隐：一见你的眼睛，我便清醒起来，我更喜欢看你那晕红的双腮，黄昏时的霞彩似的，谢谢你给我力量。”

1931年8月8日，朱自清已对陈竹隐换了亲昵的称呼：

“亲爱的宝妹，我生平没有尝到这种滋味，很害怕真会整个儿变成你的俘虏呢！”

朱自清对陈竹隐的爱称从“隐弟”到“隐”再到“宝妹”，这是一个感情不断升温的过程，此时的他已经完全成为陈竹隐爱的“俘虏”。

爱情在带来甜蜜的同时，也带来了烦恼。陈竹隐正是如花似玉的年纪，她如果选择了朱自清，就等于选择了他那有六个孩子的家庭。她渴望的是好好恋爱一场，而不是充当六个孩子的后妈，也不是那些填满生活的琐碎和庸常。

生活的残酷有时看着很细微，但却也能磅礴到让美好的爱情崩塌在现实里。1月的北平，清华园里的学生们都放假了，此时的陈竹隐还是不能抛开心中的顾虑，她开始刻意地让自己疏远朱自清。试想一个20多岁的未婚女孩，要嫁给朱自清作为继室续弦，还要接纳朱自清的六个孩子，这需要的不仅仅是勇气，更需要爱的坚守。

陈竹隐的有意疏远让朱自清变得伤感，他在书信中写道：

“竹隐，这个名字几乎费了我这个假期中所有独处的时间。我不能念出，整个看报也迷迷糊糊的！我相信是个能镇定的人，但是天知道我现在是怎样的扰乱啊。”

朱自清已经完全为情所困，这时，他的胃病又犯了，生理上和心理上的痛一起折磨着他。陈竹隐心软了，她何尝不怜惜朱自清呢，二人此时的书信里大多都是她的关怀和心疼。

爱情有一种特殊的力量，可以将所有的未知的恐惧都暂时搁浅。面对朱自清的深情，陈竹隐再次表现出了她的果敢和坚强。为了他，她愿意去做六个孩子的后母。

自此，梦想死亡，画笔尘封，昆曲高搁，作为一个才女，她牺牲太多，在外人看来这或许不值得，但她心甘情愿。

最终，两人在1931年5月间订了婚。或许正是这些情书打动了陈竹隐，她终于坦然面对自己内心强烈的感情，接受了他的孩子和他的家庭，她决定和他一起让破碎的家庭重建，重拾婚姻的美好。朱自清在情书中写道：

“隐，十六那晚是很可纪念的，我们决定了一件大事，谢谢你。想送你一个戒指，下星期六可以一同去看。”

1932年，在朱自清欧洲访学结束后，两个人在上海结婚。他们的婚礼在上海杏花村酒楼举行，文艺界知名文人墨客沈雁冰、郑振铎、叶圣陶、丰子恺等人都曾前往祝贺。

婚后，他们回到北平，住在清华园，过着虽然清苦但又幸福温馨的日子。他们很快有了自己的孩子，为了让孩子们上学，陈竹隐还背着朱自清去协和医院卖过几次血……

1948年6月18日，朱自清因胃溃疡穿孔住进了医院，想不到手术后引起并发症，他不幸丧命。一代文学大师就如他笔下匆匆飞逝的日子，匆匆而去。

他去世后，陈竹隐收拾起悲伤，带着他们的9个子女孤独地生活。这日子一过就是42年，她含辛茹苦把子女培养成人，最后安详离世。

她身边总带着一只小箱子，是他生前用过的。他走后，她一直视若珍宝，小心地珍藏，从来没在子女们面前开启。那里面是保存完好的75封书信，是他一笔一画写下的情书，斯人虽去，音容犹在，美好如当年。

煮字为药：

其实，真正的爱情就应该这样。应该是接纳对方的全部，应该逐渐牺牲自己部分个性和自由……想要执手到白头，想要相濡至以沫，就需要用真心去经营两人的感情和婚姻，一如他们。

偶逢见个像你的人，我便停步凝视

——高君宇·石评梅

作为民国四大才女之一，石评梅似乎太低调了，名声远远不如其他女作家。其实，她也是一个有故事的美人。

民国出佳人，而这些佳人都受到过良好的教育，笔墨书香的浸染，琴棋书画的熏陶，这都让她们犹如出水芙蓉般，美丽而优雅。

石评梅出生在山西平定，父亲是清末举人，晚来得女的他对石评梅宠爱有加。他给石评梅取了乳名“元珠”，学名“汝璧”，由此可见他的期待和爱护，石评梅就在这样的期待和爱护中成长。

石评梅的父亲精通诗词，她从小便跟着学习，一身才情。她的母亲也是才女，精通山水画，在母亲的教导下，石评梅也开始学画，尤其擅长画梅。

女人如花，石评梅的一生就是梅花的写照，高洁而孤独，在寒风里昂着骨气。

在太原女子师范读书时，石评梅看了很多进步书籍，受到启发，她在学潮运动中身先士卒，结果被学校开除。石评梅的父亲对女儿的行为没有干涉，正是他的开明，才让石评梅成长为日后的一代传奇。

当石评梅考入北京女子高等师范学校后，她开始尝试文学创作，这期间，她也结识了一生的好友——庐隐。大概是天意，石评梅的爱情之路也和好友一样，百转千回，充满波折。

不是所有的初恋都是那么美好，石评梅的初恋便是一枚苦涩的果子。

一个偶然的机会，石评梅的父亲知道了同乡有个叫吴天放的青年和女儿同在北京，他便找到吴天放，希望他能帮忙照顾出门在外的女儿。本是一番拳拳父爱，谁知道却牵扯出一段纠缠的恋情。

吴天放毕业于北大，算是石评梅的学长，长得一表人才，毕业后在一家刊物当诗歌编辑。有了石父的嘱托，他便打着老乡的名义和石评梅结识了。

吴天放真心喜欢石评梅吗？人们无从知晓，但是风流倜傥的他很容易捕获涉世未深的少女的心，对石评梅来说，他的一切都那么新奇，幽默的谈吐、丰富的阅历、如沐春风的性格，这些无不吸引着稚嫩的她。

少女都有英雄崇拜的情结，在石评梅心中，吴天放无疑是一个文艺英雄。

吴天放精通世故，他敏锐地捕捉到了石评梅对自己的爱慕，或许他暗暗欣喜，还有几分虚荣，总之，他乘胜追击地进行了表白。有次，他们一起吃饭，吴天放拿出一沓精美的信笺递给石评梅，她打开一看，信笺的每页都印着一朵梅花，石评梅喜欢梅花。

打动女人的永远是细节，吴天放投其所好，最后抱得美人归。

他们开始正式交往。恋爱是甜蜜的，加上吴天放生性浪漫多情，能说会道，时不时地准备惊喜，总让石评梅心花怒放，她甚至觉得此生非眼前之人不嫁。

然而纸终究是包不住火的，时间长了，吴天放的伪装渐渐露出了破绽 。

一次，石评梅闲着无事，便去吴天放的家里看望他，以前都是吴天放去学校找她的，这次她想给吴天放一个小小的惊喜，没想到这个惊喜却成了惊吓。

开门的是一个孩童，礼貌地问石评梅找谁，石评梅说出吴天放的名字，孩童朝着里屋便喊："爸爸，有人找。"

石评梅当时整个人都惊呆了，这个小孩是吴天放的儿子？她仔细看几眼，那孩子的眉眼似乎和吴天放真有几分相似，可是石天放分明说过自己还未婚，她在震惊和愤怒中渐渐明白了：自己似乎受骗了。

这时，吴天放披着睡衣，衣衫不整地从里屋走出来，后面跟着一个女人，年龄和吴天放相差无几。

事实昭然若揭，吴天放还没来得及张口解释，石评梅早已扭头走掉。

初恋的失败对石评梅造成了莫大的打击，以至于她不相信世间还存在所谓的爱情。吴天放竟然不死心，以为可以挽回这段恋情，多次来找石评梅，都被她拒之门外。

她不肯原谅他，甚至不原谅所有以爱为名的欺骗。这段失败的爱情让石评梅变得更敏感，她甚至决心孤独终老。

因为一棵歪脖子树，而放弃整个森林，石评梅的想法既幼稚又偏激。她就像一个蝉蛹，把自己死死地困在茧里，伤害了自己，也伤害了别人。

因为她的固执，她误了高君宇一生。

石评梅和高君宇早已相识。那是在北京山西会馆的同乡会上，当时高君宇站在台上发表反帝反封建的演讲，石评梅深深被这位青年的爱国情怀感染，不禁生出了仰慕之心。两人结识后，他们便经常写信交流，共同的人生观和价值观让他们建立起深厚的友情。

当石评梅陷在感情中一蹶不振时，她便想到给高君宇写信，希望能得到些许慰藉。高君宇得知她感情受挫，极力开导她，鼓励她多出来走走，开阔眼界。

高君宇的社交范围很广，便经常带她去参加一些社团活动。他们经常在陶然亭相会，别致的陶然亭深得石评梅的喜爱，那里也是他们爱情开始的地方。

也许是时间让友情发生了质变，也许是她的柔弱打动了他，高君宇渐渐对石评梅生出了不一样的情愫。她的痛苦，她的敏感，她的才华，无不烙印在他心上，但是考虑到她刚刚经历了情伤，高君宇只好选择将自己的感情埋藏在心。

求学生涯结束后，石评梅正式步入社会，在校长徐寿棠的举荐下，她到师范附中担任女子部学级主任，兼任体育教员。

石评梅在住房前栽了自己喜欢的梅花，年年待花开，她歇了恋爱的心情，只想和花相伴。

这一年秋天，有人给石评梅送来一封信，她打开信，只看到一张白纸。正纳闷时，一片枫叶翩然落在地上，她弯身捡起落叶，上面竟然题着字：

满山秋色关不住，

一片红叶寄相思。

天辛采自西十月二十四日

西山碧云寺

她的心跳顿时乱了一拍，这分明是高君宇的字迹，可是这字里行间的热烈和深情却让人意外。他们一直是朋友，相交如水，即使在信件里，也从来没有这样直白地表露情绪。

高君宇突然的表白让石评梅陷入矛盾中。初恋的伤疤还没有痊愈，她已经决心孤独一生；高君宇是相交多时的朋友，她知道他正直可靠，但她仍然担忧他又是一个吴天放。

她是再也经不住这样的感情折磨，况且，她也不愿意把高君宇带入自己的痛苦中。这种备受折磨的痛苦她只想一个人承受，而高君宇是那么善良而高尚的人。

思前想后，石评梅决定拒绝高君宇的感情。把痛苦扼杀在摇篮中，远比让它生根发芽到无法铲除要好，她在回信里写着：

“枯萎的花篮不敢承受这鲜红的叶儿。”

石评梅委婉地拒绝了高君宇，自诩是枯萎的花篮，她已经没有勇气再开始新的恋情。她的拒绝非但没有让高君宇退缩，反而更加加深了他的追求之心，或许得不到的才是最好的，或许他想消除她的顾虑，或许他怜惜她的柔弱，总之，爱情就是这样毫无道理。

或许石评梅不是不动心，但高君宇早有家室，这是石评梅的心病。吴天放隐瞒已婚的事实给她造成了巨大伤害，尽管高君宇毫无保留地坦白了一切，但她迟迟不能走出心理阴影，她无法接受已经结婚的男人。

高君宇的婚姻是父母包办的，虽然没有感情基础，但确确实实是他的妻子。高君宇并没有瞒着石评梅，不仅如此，他把自己的所有情况都一五一十地交代了，包括他的肺病，他革命家的身份，他可能带给她的麻烦。

人非草木，孰能无情，石评梅的内心是感动的。

为了尽快和心爱的人在一起，高君宇回到老家筹备离婚的事。高君宇生性善良，他不像徐志摩一样，留下休书后洒脱离开，而是和妻子彻夜长谈，表明自己不可能带给她幸福，没有爱情的婚姻就像一个空洞的躯壳，直到妻子同意。

离婚后，高君宇便迫不及待地写信告诉石评梅，然而石评梅也是同样善良的人，当自己的幸福建立在别人的痛苦之上时，她也是痛苦的。况且，女人总比男人更成熟，想得更长远。对石评梅而言，作为革命家的高君宇并不是一个良好的选择，他东奔西走，不能给她想要的安稳和陪伴。

高君宇将自己献身于革命事业，他热爱革命事业，但也全然地爱着石评梅，甚至愿意把自己的灵魂交给她。在他的执着和炙热面前，石评梅的心渐渐解冻了，她接受了他的爱，但她依然坚守着终身不嫁的原则。

爱情或许真的讲究时机，若是初恋遇见的是高君宇，他们的爱情是否就会圆满许多？

石评梅生日时，高君宇精心为她挑选了礼物，那是一对象牙戒指。

洁白的象牙戒指象征着他对石评梅最纯洁的爱情，他对这段感情一直抱着希冀，也许某一天石评梅会发现了他的好，走出了自己给自己造的牢笼。高君宇把较小的一枚戒指装在书信中寄给石评梅，石评梅便将那颗戒指戴在手上，但他并不知道。

当时高君宇是孙中山的秘书，繁忙的工作渐渐拖垮了他的身体，再加上感情上的受挫，他终于病倒了，慢慢考验着他的身体。他记得在医院期间，石评梅经常看望他。有一次，高君宇睡着了，石评梅把梅花插在花瓶里，留了张纸条："当梅香唤醒你的时候，我曾在你的梦中来过。"

高君宇是幸福的，生病期间有心爱的人守在身旁，她偶尔也会流露出情意；但是他更多的是不幸，革命尚未成功，爱情尚未圆满，他遗憾地离开了人世，生命永远定格在了二十九岁。

高君宇死前没有见上石评梅最后一眼，当石评梅赶到医院停尸间时，首先看到的是戴在高君宇右手的象牙戒指。

象牙戒指苍凉的白色，带着无限的寒意，它真的是用来祭奠爱情的吗？高君宇死后，石评梅深深陷入自责之中，她后悔自己没有给他一个答复。

石评梅一直将高君宇的死归咎到自己身上，是她让他陷入无穷无尽的感情折磨中，是她造成了悲剧。

高君宇葬在陶然亭，在那里，他们曾一起度过短暂的快乐时光。从此以后，石评梅常常去探望他，带着最爱的红梅，孤身一人坐在墓前，和他说话，将他生前所有想听到的话都给了回复。

她相信高君宇未曾离开，一直陪伴着自己，那枚象牙戒指，她从来没有取下过。

她在高君宇墓前写下了《墓畔哀歌》：

“我爱，这一杯苦酒细细斟，邀残月与孤星和泪共饮，不管黄昏，不论夜深，醉卧在你墓碑旁，任霜露侵凌吧！我再不醒。”

石评梅一个人咀嚼着爱情的悲苦，逐渐地消瘦下来。不是没有人追求她，但她紧紧地关闭了心门，高君宇的爱已经铸成她的盾牌，再也没有人能够有破门而入的机会。

她终日陷入在回忆中无法自拔，用文字记录往日的点滴，甜蜜中伴随着伤痛，遗憾中伴随着内疚，百感交集。

不知道是为了惩罚自己，还是真的生无可恋，石评梅将全部精力都投入了工作，废寝忘食，毫不顾惜自己。或许，她早已不在意生死，甚至想早日赴黄泉陪伴高君宇，亲自向他忏悔。

如果说当初吴天放的欺骗让她失去了对爱情的希望，现在，高君宇的去世则是让她连生存的希望也没有了，更别说再接受别人，重新燃起爱。

身体的负重和心理的痛苦击垮了石评梅，她的病情越来越重，最后同高君宇一样，戴着象牙戒指永远地离开了人世。朋友们深知高君宇和石评梅的情深义重，便将他们同葬在陶然亭——他们的爱情开始和结束的地方。

“生前未能相依共生，愿死后得并葬荒丘”，石评梅深深的后悔了，只因为曾经伤过，她就拒绝了爱情的再次光临，将自己封闭，也将高君宇拒之门外。而高君宇却绝无后悔，尽管他至死都没有得到心爱的姑娘，但他忠于自己的心，勇敢而又热烈地爱了一场。

这段充满遗憾的爱情虽然唯美，但圆满的爱情却更让人向往。斯人已去，只有象牙戒指还洁白如昔，让我们深深感伤于高君宇和石评梅的有缘无分。其实，昨日不可追，来日太渺茫，怜取眼前人才是真理。谁在爱情里没有跌过跟头呢？不用惦记那些错误，也不用惶恐的担忧明天，遇到了那个他，不妨勇敢地去爱。

煮字为药：

世事难料，我们永远都不会知道意外和明天究竟哪一个先来到？生命短暂而脆弱，为了万事不留遗憾，在爱情里，能表白就不要支吾不言，能拥抱就不要止于牵手，能相守就不要刻意为难，毕竟在一起的时光总是飞逝难留。

眼前人是心底人，世上再没有比这更幸福的事情了。

有好多话，藏在心底，专等一个人

——朱湘·刘霓君

纵观民国时期的各个文人才子，除了书香世家中孕育的翩翩公子，似乎逆境也容易催生出诗人， 越是灰色阴暗的命运，越是藏着敏感细腻的心灵。

朱湘就是这样一位诗人，尽管身处泥泞，但心如洁净的白莲花。

朱湘出生在湖南，在他三岁的时候，母亲便去世了。母爱是最丰盛的滋润，让我们得以茁壮成长，而朱湘幼年就丧母，别说感受母爱的呵护，就连母亲的音容样貌，他都没有来得及记住。更不幸的是，在朱湘十岁那年，父亲也离开他。

原本天真无虑的童年，就此宣告年结束，朱湘过早地尝到了孤苦的滋味。十岁的他只能和大哥相依为命，由于年龄的差距，也因为性格的关系，他和大哥并不亲近，始终存在一层隔阂。

或许，朱湘的内心始终住着一个孤儿，上学后，他的朋友也很少。他总生活在自己的世界里，做着自己感兴趣的事情，别人都猜不透他在想什么，小小年纪的他已经学会深藏自己的情绪。但是，他毕竟还是个孩子，那些积郁的负面情绪无法消化，渐渐地，就养成了他骨子里的叛逆。

朱湘喜欢独自钻研，加上自身聪明伶俐，最后成功地考入了清华留美预科班。当时的北平有中国最先进的思想，最开放的学术和最自由的恋爱，朱湘感觉来到了不一样的世界，但他的聪明和才学很快显露，即使是在人才济济的清华大学，他也脱颖而出，与饶孟侃、孙大雨和杨世恩并称为“清华四子”。

朱湘是一个不喜欢循规蹈矩的人，从小也很少受到约束，他习惯了自由的生活方式。读书期间，他只去上自己感兴趣的课，如文学之类，别的课程基本旷课，是当时少有的个性青年。

然而随着他年龄的增长，有一件事始终郁结于心，那就是他的婚姻大事。

在朱湘还没有出生的时候，他的父亲就和自己的朋友约定，如果双方生的是一男一女，就缔结连理。结果，对方真的喜得千金，按照父母之命，朱湘就必须和她结为夫妻。

受到过新思想熏陶的朱湘，对这种包办婚姻的作为完全不能容忍，然而父亲虽然去世了，婚约却没有废止，大哥开始替他张罗这门婚事。一天，朱湘收到大哥的一纸家书，内容是催促他回家成亲。尽管大哥信誓旦旦地说刘家小姐出落得亭亭玉立，但这并不能打消他心里的厌恶和反抗。

朱湘在回信里坚决地表示了反对，他由衷地抗拒包办婚姻，要求大哥替他退婚。信寄出去没多久，大哥竟然亲自到了北京，兄弟俩久未见面了，朱湘又惊又喜，热情地招待了他。

在两人畅聊时，朱湘注意到角落里坐着一个矮小的姑娘，她长得眉清目秀，一直看着他，盈盈的双目就像会说话似的。朱湘忍不住向大哥询问她的身份，大哥这时才记起自己来北京的目的，高兴地告诉他，对方正是他的未婚妻刘霓君。

朱湘目瞪口呆，心里一时五味杂陈。不知道这个女孩的身份时，他还觉得她玲珑可爱，但得知她就是就是刘家小姐时，朱湘下意识地生出了抗拒和排斥。

刘霓君却满脸欣喜，她很早就听说朱湘的名字了，也一直留意着他在报纸上发表的诗歌，由衷地为他的才华倾倒。但少女的崇拜并没有缓解朱湘心中的厌恶，他不明白为什么她就能满足于这场被包办的婚姻，甚至一点反抗也没有。

朱湘不友好地离开了，留下茫然的刘霓君。也许刘霓君看出了朱湘并不会接受这门婚事，她难过得落下泪，少女的心思总是美好而脆弱，她一路从湖南赶到北京，满怀期待，没想到会是这样的结局。

这次的会面，让朱湘更加坚定了逃离的心思，他想去美国留学，以此逃避这场莫名其妙的婚姻。可是他很快被学校开除了，原因是他目无法纪。他常常缺课，也不按时报到，还抵制学校早点名制度长达二十七次。

“人生是奋斗的，而清华只有钻分数；人生是变换的，而清华只有单调；人生是热辣辣的，而清华只是隔靴搔痒。至于清华中最高尚的生活，都逃不脱一个假，矫揉！”

他早已不满清华的生活，但是只差半年便可留美，虽然外表装作无所谓的样子，但是朱湘的心里还是充满着遗憾，毕竟学业没有完成。

离开北京后，朱湘到了上海，没有得到文凭的他很快发现生活并没有想象中那么容易。他只会写诗，但是靠着写诗又不能挣多少钱，连养活自己都成了困难。而且，他性格又孤僻，即使在贫困潦倒的时候，也没有朋友伸出援手，只能一个人苦撑。

这时候，大哥写信告诉朱湘，刘霓君也来到上海了。朱湘心里一震，他曾经想过远赴美国逃离这个名字，然而命运捉弄，到上海也能再次遇见她。大哥让朱湘去看望刘霓君，他并不愿意，然而，当他得知刘霓君的父亲去世，家产被兄长霸占的消息，他又心软了。

一个女孩子独立谋生，无依无靠，总是让人心生不忍，朱湘决定去探望她。他的想法很简单，就算不会结婚，相识一场，也是朋友。

刘霓君住在浦东一个破旧的厂区，这里的条件远远比朱湘想象中恶劣。废弃的房屋前到处是垃圾，空气中弥漫着恶臭，刘霓君就蹲在空地上洗衣服，身影瘦弱。

朱湘慢慢地走向她，刘霓君抬起头，看见了他，眼里满是诧异。四目相对时，两人都没有开口，或许是这个重逢太糟糕了，彼此心里都不是滋味，有太多话，一时却不知从何说起。

最后刘霓君打破了沉默，她草草地感谢他来看望自己，很快便转身走了，进了洗衣房。朱湘心事重重地回到家里，脑海里再也抹不去刘霓君在厂房洗衣房的场景，他甚至觉得是自己把她害到今天这样。

在自责和煎熬中，朱湘的生活渐渐有了改善，他的才华逐渐被认可，作品也被越来越多的人喜欢，辛苦的创作终于换来了回报。这时候，他想到了帮助刘霓君。

刘霓君不再是那个顶着未婚妻头衔的让他讨厌的少女，而是一个坚强的上进的新女性，没有了婚约，朱湘反而对她生出好感，怜惜中夹杂着欣赏。

他鼓着勇气又去了那个废弃的厂房，这次却没有见到刘霓君，他以为她又辗转到了别的地方，心里感到很失落。在询问了一位女工后，他才知道刘霓君今天生病了，正在职工宿舍休息。

所谓的职工宿舍，条件也相当艰苦，空气里弥漫着一股潮湿的气味。刘霓君躺在床上，身上盖着不知道翻新了几次的棉被，因为高烧，她整个人显得格外娇弱。朱湘走近她，用手摸了摸她的额头，然后找到一个干净的杯子，给她倒了一杯白开水。

或许是出于怜惜，或许是出于自责，或许就是单纯的好感，朱湘决定娶刘霓君为妻。他征询她的意见，她欣喜若狂，她一直就爱慕朱湘，解除婚姻时，她还为此暗自伤心，没想到峰回路转，两人最后还是走到一起。

朱湘带着刘霓君离开了工厂，两人很快举行了婚礼。新婚的日子平静而安稳，不久，他们就有了孩子，一家三口温馨和美。

后来，朱湘重新回到清华，还获得了公费留学的机会。为了圆自己的梦，朱湘只得暂别妻儿，独自登上出国的邮轮，但他的思念却始终围绕着刘霓君。自他走后，书信一封接着一封，他诉说外国的生活，讨论学术，更多的是表达深深的相思之情。

“霓妹我的爱人，我希望这四年快点过去，我好回家抱你进怀，说一声：‘妹妹，我爱你！我永远爱你！’妹妹，你的信我都好好收起，注明号码。哪封是哪天发的，哪天到，我都写得明明白白，好带回家去。我们肩并着肩从头细看，细数这五年的离情别意。

我爱的霓妹：昨晚做了一个梦，梦到你，哭醒了。醒过来之后，大哭了一场。不过不能高声痛快哭一场，只能抽抽噎噎的，让眼泪直流到枕衣上，鼻涕哽在鼻孔里面。

今天我看书看得眼睛都痛了，半是因为昨夜哭过。我爱你朴素，不爱你奢华。你穿上一件蓝布袍，你的眉目间就有一种特异的光彩，我看了心里就觉着无可名状的欢喜。朴素是真的高贵。你穿戴整齐的时候当然是好看，但那好看是寻常的，人人都认得的。

素服时的美，有我独到的领略。我又想到你的温柔，你对我的千情万意，分开了，不能见面，不能立刻见面，说一句知心话，彼此温存一下，像从前在京城旅馆内初见面时那样温存一下。我如今凭了最深的良心告诉你，你有爱情，你对我有最深最厚的爱情，这爱情就是无价之宝。”

这时候的朱湘还是意气风发的，他满身才气，满怀柔情，有着似锦的前程，身边还有娇妻稚子。或许，爱情真的是最好的滋润，他暂时收起自己桀骜的个性。

对妻子的日夜思念，加上对国外生活的不适应，朱湘提前回国了。一开始，他在安徽大学任英文系主任，每个月三百元工资，日子也还算安逸，但没多久他就辞职了，不顾校方的挽留，只因学校把“英文文学系”改成了“英文学系”，引发了他的不满。

“教师出卖智力，小工子出卖力气，妓女出卖肉体，其实都是一回事：出卖自己！”

都说百无一用是书生，离职后的朱湘没有工作，只能靠微薄的稿费来养家，生活顿时局促起来。朱湘是个彻底的文人，只擅长舞文弄墨，对挣钱一窍不通，而且他清高的个性注定了他不会为五斗米折腰。但是一家四口都需要吃饭，于是，这些开销和花费都落到了刘霓君的身上，她不得不去学习刺绣，替人缝衣剪裁，来补贴家用。

第三个孩子出生时，他们的经济变得更拮据了，因为衣食不周，孩子又体弱多病，很快就夭折了。这件事给刘霓君造成很大的打击，她看到了自己丈夫的软弱无能，对他越来越失望，他们之间的关系也开始出现裂缝。

贫贱夫妻百事哀，对刘霓君来说，她已经从一个少女变成了妻子和母亲，她不再向往年轻时的风花雪月，她向往的是衣食无忧，是安稳的生活。朱湘曾经满足了她身为少女的期待，如今却不能满足她作为母亲的期待，他还是一个清高的文人，而清高却不能当饭吃。

或许，朱湘真的不是一个合格的丈夫，他性格孤僻高傲，朋友不多，仇人不少，甚至在他出版诗稿时也没有人愿意帮助他。刘霓君试着帮他找工作，但他并不愿意，他内心可能觉得那些为了钱的工作染着铜臭味。他自己也试着找工作，但他的性格太容易得罪人，一般没干多久就被开除，家里的开销还是依靠刘霓君维系。

正如梁实秋所说：“朱先生的脾气似乎太孤高了一点，太怪僻了一点，所以和社会不能调谐。”

他只适合做个耿直的文人，不适合柴米油盐的现实，可他偏偏拖儿带女，于是苦了自己，也苦了他们。

生活一地鸡毛，刘霓君再也无法忍受，她和朱湘的争执越来越频繁，彼此间的矛盾到了不可调和的地步。

朱湘陷入了深深的痛苦之中，无法挣脱，也无法理解，他也没有任何朋友可倾诉，最后只能走上绝路。

那天晚上，他用口袋里最后的钱买了去南京的船票和一瓶酒，还买了一包平日里刘霓君最爱吃的饴糖。站在开往南京船上，看着滚滚的长江水，他满腹心思，也许他在回忆自己的一生，回忆和刘霓君经历过的种种美好。他不明白自己做错了什么，他只是执拗而已，只是坚持初心而已，只是不肯同流合污而已，却被社会排斥和不容。

朱湘找不到答案，也找不到出路，终于，他选择纵身一跃，投进滚滚江水中。

诗人的生命永远定格在二十九岁。

到底是谁造就了这一出悲剧呢？朱湘至死都不明白自己为什么不为世俗接受，他才华横溢，天资聪颖，难免就恃才傲物，难道这也是错吗？他清高自持，只是坚守本心而已，不睦富贵，也不贪荣华，这难道也是错吗？对刘霓君的感情是真挚的，到死还买了她最爱吃的饴糖，只是因为穷，所以夫妻反目，这难道也是他的错吗？

朱湘自杀后，刘霓君便出家为尼。从百封家书寄托相思，到彼此看破红尘，这其中的酸甜苦辣只有当事人自己明白。他们儿子朱海士长大后，刘霓君不允许他学文，也许她是真的怕了，在她看来，是朱湘的才华害了他，也害了她，她不愿儿子再走上这条不归路。

记得在北京初次见面时，刘霓君曾说读过朱湘的诗，欣赏他的才华，但那时的她恐怕没有想到，有一天她会恨透了他的才华。她宁可他世俗一点，圆滑一点，精明一点，也好过一家人苦兮兮的过日子，最后天人永隔。

不知道刘霓君是否后悔过，如果没有上海的重逢，如果没有少女时的仰慕，她不会嫁给朱湘。嫁个商人、嫁个工人、嫁个农民也好，至少没有爱恨纠缠；没有她，朱湘或许也不会到走投无路的地步，不会孤苦无依到投江，但不管怎样，他们毕竟在一起了，遗憾或心酸，终究是一段传奇。

煮字为药：

没有面包和牛奶的爱情，就像是空中楼阁一样摇摇欲坠，所谓的有情饮水饱，不过是富贵子弟的想当然而已。如果连自己的饱暖都无法支撑，人在极度的苦寒中又怎么可能获得心灵的温暖和安定？又拿什么去滋养一份爱情？

贫贱夫妻百事哀，道理早就说给你听了，哪怕是为了爱情，也没有理由不好好奋斗。

有了爱就有了一切

——吴文藻·冰心

同为福州才女，但是冰心的一生比起庐隐来幸运太多。

庐隐一生追求爱却未得到太多的爱，而冰心一生都被爱围绕，因此她对这个世界也时时刻刻充满着爱。

冰心出身于书香门第，从小受尽疼爱：她的祖父从小教她读书认字，让她养成了喜欢阅读的习惯，她也是谢家第一个上学堂读书的女孩子；她的父亲是一名军人，从小她和母亲就随着父亲东奔西走，见识了各地的人情和风光。也许是聚少离多的缘故，她后来发誓不嫁给军人，但是距离并没有影响父亲对她的爱，父亲会让她穿着男装骑马、打靶、夜里会带着她看星星、给她讲故事 。

家里总会有一个人给她讲故事，以前是母亲，后来，这个工作就落到舅舅的身上。通过舅舅充满感情的描述，冰心第一次接触到了四大名著，这算得上是她的文学启蒙了。冰心对家人的情感一直很深厚，所以她才说：“只有住着我的父母和弟弟们的中剪子巷才是我灵魂深处永远的家。”

亲情的关怀与温暖让冰心养成了纯真的性格，她永远保持着一颗纯洁的童心。这个世界在她眼里也是处处充满着美好，无论是想象中还是现实中，就像被五彩的笔墨渲染，美丽多彩。

小时候，冰心总喜欢坐在窗前，托着腮，看着天空的云朵被风吹散、汇聚。外人永远看不透这个喜欢发呆的小姑娘，其实，她内心有着一个丰盛世界。

冰心上学的时候最擅长的便是写作，她有着丰富细腻的感情，活跃的思维，还有一颗敏感的心，总能观察到别人看不到的东西。更重要的是，她的笔下充满了善与美，抛弃了一切阴暗，积极向上，所以她的文字很快得到认可。

然而，她的算数就学得不太好。上课时，常常是老师讲了半天，她却一头雾水；有时候，她望着写满数字的黑板，思绪却已飞到几千里之外。但她又是一个自尊心很强的女孩，为了赶上功课，往往付出更多的努力。

受父亲的影响，冰心的性格坚韧而自立自强，她想成为一名医生，因为最爱的母亲经常生病。为此，冰心付出了很大的心血，还在中学时，她就格外重视数理化的成绩，结果出现了偏科现象，她就一头扎进题海里，整天忙于课业。曾经那个喜欢对着窗外发呆冥想的小女孩，再也没有多余的时间发呆了，舅舅看着这样的冰心又心疼又着急，为了不让她失去原有的灵性，他特意制定了一个“全面发展淑女教育工程”，来培养外甥女的艺术天赋。

在冰心的人生中，舅舅一直扮演着重要的角色，他是启蒙老师，是可以谈心的伙伴，也是人生的导师。在舅舅的耐心指导和陪伴下，四年时间很快过去，冰心以全班最好的成绩考入了协和女子大学预科，将学医作为自己人生理想的她十分用功，直到五四运动爆发。

“我在五四以前，做梦也不会想到我会以写作为生。”冰心在《我的第一篇文章》中这样写道。

作为学校学生自治会的一名文书，冰心被派去参加北京女学界联合会的宣传组，记录北洋政府法庭公审被捕的“火烧赵家楼”的学生，从法庭回来，组长让她把听审感言写下来。亲自感受到学生慷慨激昂的爱国情怀的冰心，心里受到巨大的震撼，父亲从小教育她热爱祖国，她的血液里流淌着的军人的血液也被渐渐唤醒。

冰心很快完成人生第一篇文章，并寄给表兄刘放园。刘放园当时正担任《晨报》的编辑，对于冰心的文章大加赞赏之词，并且觉得她拥有可塑的文学才华。

从此以后，刘放园经常和冰心书信往来，给她邮寄当时的进步文章，鼓励她写作。也许正是受到刘放园表兄的鼓舞，冰心订阅了《新青年》，当时鲁迅等先锋作家经常在《新青年》上发表文章，冰心再一次受到文学和爱国情怀的熏陶。

协和女子大学改名为“燕大女校”后，冰心由于成绩出众，获得了威尔斯利大学授予的两年奖学金，自此，她开启国外留学生涯。

第一次离家远行，乘坐在美国游船杰克逊总统号上的冰心望着故乡一点点远去，心里充满了惆怅。

在船上，她认识了许地山和陶玲，他们成了无话不说的好友。也许是路途漫长和寂寞，同样面对未知的未来，三位年轻人常常结伴散步玩耍。

不仅如此，冰心还遇到了一生的挚爱。这个人不是许地山，虽然许地山表现出对冰心的好感，冰心也对他印象不错，但是两个人之间始终保持着纯洁的友情。或许，爱真是命中注定的，她选择了回避许地山的爱慕，而这时候，许地山将吴文藻带到她身边。

一天，冰心想起了同学吴搂梅的信，信上说她弟弟可能会和冰心乘坐同一艘船出国留学，希望她给予照顾。冰心作为一个女孩子，不方便到处走动，只好拜托许地山帮忙把吴卓找来。

然而船上有两位姓吴的男生，许地山竟阴差阳错地把吴文藻找来了。吴文藻性格开朗，招人喜欢，很快和冰心、许地山等人成为朋友，加入了抛沙袋的游戏。玩累了，几位年轻人便依靠在栏杆旁交流起来。吴文藻是去达特默思学院读社会学的，为人直爽，很有才气，在交流中，他发现冰心有很多书没有读过，于是便毫不客气地直接指出来，劝她应该多读书。

"就倚在船栏上看海闲谈。我问他到美国想学什么？他说想学社会学。他也问我，我说我自然想学文学，想选修一些英国19世纪诗人的功课。他就列举几本著名的英美评论家评论拜伦和雪莱的书，问我看过没有？我却都没有看过。他说：‘你如果不趁在国外的时间，多看一些课外的书，那么这次到美国就算是白来了！”

当时的冰心已经是国内小有名气的才女，受尽了人们的夸赞，而眼前这位俊朗的青年却如此坦率地指出她的不足。冰心的心里虽然有小小的不平，但不可否认的是，她的确没有看过那些书。

女人有时很奇怪，越是众星捧月，她越是不稀罕别人的恭维，这时如果有个男人对她提出反对，她立刻刮目相看了，心里认定这个男人不俗气，有想法。

或许正是这个原因，冰心对吴文藻生出了好感。

冰心的积极向上和纯真，也让吴文藻格外欣赏。这样女子是少有的，她虽然是大家闺秀，却独立坚韧；虽然性格温婉，却又有着男儿般的坚强。

在船上的短暂相处，冰心和吴文藻都给彼此留下了很好的影响。此时，并肩看着日落的冰心和吴文藻也许没有想到，他们会就此牵缠一生一世。

天下没有不散的筵席，轮船到达终点，冰心告别结识的好友们，独自赶往自己的学校。刚刚在学校安顿下来，冰心就收到了吴文藻的一封来信，信里先是客套的问候语，然后是几句急切的表明好感的句子。

或许是在轮船上碍于人多，或者是害怕被拒绝，吴文藻选择用信的方式向冰心表达爱意。面对他的示好，冰心却没有排斥之意，以前每每有朋友来信，冰心都一律用秀美的威校风景明星片，在上面简单地写几句。但是这次，她却认真地给吴文藻回了一封长信，隐隐也透露了自己的心意。

冰心的回信更加鼓舞了吴文藻的追求之心，他开始不断地写信。

吴文藻并不是一个善于说情话的男生，他写给冰心的信里，大多像是在推荐书单，有时候还会给冰心寄书。担心冰心没有时间读，他便自己先看一遍，把认为写得好的地方用红笔勾画出来，再寄给她。他还会呆呆地叮嘱冰心，就算没有时间看整本书，至少也要把勾画出来得部分看了。

吴文藻的呆子气很受冰心的喜欢，他寄来的那些书，她都仔细看了，然后一一回信。不得不说，这对她的文学创作也有很大帮助。

爱情伴随着一页页信纸和一本本书籍慢慢沉淀。

此时的冰心和吴文藻并没有太多机会相见，他们的学校相隔甚远，坐火车也要好几个小时，但是他们的信件一直没有中断，借着文字传情。信写得太频繁，冰心的室友们都知道了她有一个男朋友，因为邮差几乎每天都回来她的宿舍楼下。

爱情的甜蜜中也伴随着小波折，对于他们的感情，吴文藻心里是矛盾的。他喜欢冰心，却不敢展开强烈的追求，当时仍然讲究门当户对，他出身寒门，冰心却不仅家境殷实，还是国内小有名气的才女，两人存在着一定差距。

现实让吴文藻渐渐从爱情里清醒了，他开始生出退缩之意。

一次，冰心要和几位同胞演《琵琶记》，她给吴文藻写信，并寄去了入场券，请他来波士顿观看。也许冰心只是想借着这个机会和心心念念的人再次相聚，然而让她想不到的是，吴文藻竟然以准备论文为由拒绝了冰心。

被拒的滋味让冰心感到十分难过。吴文藻是个聪明的人，她也不笨，自然明白了他这个举动后的深意。然而让她想不到的是，在《琵琶记》出演的晚上，吴文藻竟然准时赶到了剧院，看到奔波疲惫的他，冰心心里淌着滚滚热流。

爱是一个动作，也是一个细节，吴文藻虽然呆气十足，虽然心怀犹豫，但他对她却是真诚的。也许这就是上天安排给她的缘分吧，从那时开始，冰心更加重视这段感情。

天公有意做美，在留学的最后一个暑假，冰心到位于纽约州东部美丽的小城康奈尔大学补习法语，而吴文藻正好也来选修第二语言。这次的相聚让两颗年轻的心依偎得更紧。

每天完成功课后，吴文藻便约冰心出来散步游玩，林间回荡着少女轻灵的笑声；吴文藻总是能够发现很多奇妙的新鲜事物，他喜欢一一和冰心分享；他们还常常分享各自的读书心得，总之，只要两人在一起，就会有说不完的话题。

美妙的小镇风光更像一座天然搭建的舞台，温情而浪漫，让他们的感情迅速升温。在一个美丽的晚上，伴随着皎洁的月光和清凉的晚风，吴文藻终于鼓起勇气向冰心告白，他深邃的眸子一动不动地看着她，认真地说：“我们可不可以最亲密地永远生活在一起？”

冰心内心是无比喜悦的，但是她告诉他，只有征得自己父母的同意，才能嫁给他。其实她知道父母一向疼爱自己，从来不会为难她，再加上他们家很开明，这场婚事肯定能得到许可。但是为了试探吴文藻的真心，也为了故意刁难他，冰心忍不住调皮了一下。

陷入爱情的吴文藻立刻给冰心的父母写下长达五页的

求婚家书，他诚挚的话语感动了冰心的父母，得到了他们的祝福，当吴文藻将钻戒戴在冰心的手指上，爱情终于尘埃落定。

他们的婚礼是在未名湖畔的琳湖轩举办的，婚礼由司徒雷登主持。婚后，夫妻俩返回北平，住进了燕南园60号小屋。

冰心和吴文藻一生相伴，始终相爱相敬。他们都是不求奢华，喜欢平淡的人，就算是简单的茶米油盐也能过得充足快乐。很多人说他们是天造地设的一对，的确，他们几乎就没有争执，更别提吵架。

“七七事变”后，冰心和吴文藻被迫离开北京到昆明定居，她给新家起名“默庐”，大意是想过上与世隔绝的生活。但是时代未曾有片刻平静，他们的生活也充满动荡，四处搬迁，国事紧张时，冰心也加入了抗日工作，为祖国贡献出自己的力量。

“我们是疲乏，却不颓废，是痛苦却不悲凉，我们沉默地负起了时代的使命。”好不容易等到抗战胜利，冰心和吴文藻过上了一段平静的日子，但“文化大革命”很快就来了，夫妻俩都遭到了无情的批斗。

烈日下，年近七旬的他们跪在地上，身边是同样遭受折磨的好友。有人倒下了，有人选择了自尽，也有人精神失常，黑暗的岁月里，冰心和吴文藻却咬着牙，相互安慰，一起熬过来了。

几十年的相伴，几十年的颠沛流离，他们就是这样一路搀扶着熬了过来，情深如海，波澜不惊。

吴文藻去世后，冰心写下了《我的老伴吴文藻》，这本书是他们不离不弃的爱情见证，也是她对吴文藻的深深思念。

“他的也就是我们的晚年，在精神物质方面，都没有感到丝毫的不足。要说他八十五岁死去更不能说短命，只是从他的重建和发展中国社会学的志愿和我们的家人骨肉至亲的感情来说，对于他的忽然走开，我是永远抱憾的！”

冰心和吴文藻终身相伴的爱情证明了：爱是一切能量的来源，有了爱就有了一切。

煮字为药：

执子之手，与子偕老，从来都不是空口白话，爱情的真伪高下只有历经岁月的洗礼才能见得真章。有了爱情，百炼钢可以化作绕指柔，侠客英雄可以文人体贴；同样地，温婉女子也可以获得坚强的力量，心神之坚定丝毫不让须眉。

爱，倒像是人的另一副骨架，像是人的另一番性情。它帮助我们发掘出隐藏的自己，从而成为一个完整的生命体。

只愿天下有情人，不再有泪如你

——林觉民·陈意映

1887年，一个寻常的日子，在福州城内南后街诞生了一个不寻常的人，他是历史上“黄花岗七十二烈士”之一，他写了一封信被称为第一情书，他便是林觉民。

林觉民出身于书香门第，从小被过继给叔父林孝颖。林孝颖是福州著名廪生，诗词写得很好，在家学的浸染下，林觉民古典文学的功底也很扎实。

13岁时，他受父命参加科举童子试，结果他刚进考场就离开了，在试卷上写下“少年不望万户侯”七个大字，让考官们目瞪口呆。这等潇洒恣意，与白衣卿相柳永“忍把浮名，换了浅斟低唱”的洒脱如出一辙。

和柳永不同，林觉民并不是一时意气，也不是年少轻狂，他是真正看透了这朝廷的末日。他瞧不上这腐朽堕落的朝廷，而是将眼光望向了远方，想要寻求新知。

1901年，15岁的林觉民考入了全闽大学堂。此时，正是中华民族遭受内忧外患的时候，林觉民努力追求救国救民的真理，课余大量阅读《警世钟》等进步书刊，并常常与同学说："中国非革命无以自强。"他生性诙谐，又擅言辞，有很好的组织能力，所以很快被推为学生领袖，参与并领导了清末福州数次反清革命斗争。有一次，林觉民在城内七星庙作"挽救垂亡之中国"的演讲，刚好学堂有个学监也在场，他悄悄对旁人说道："亡清者，必此辈也！"

林觉民生得一副侠骨，却也有一番柔情。

"初婚三四个月，适冬之望日前后，窗外疏梅筛月影，依稀掩映。吾与汝并肩携手，低低切切，何事不语？何情不诉？"

新婚燕尔，窗外的梅花开了，月色如水，温柔地在地上铺了一层，花香让这些都变得朦胧诱人起来。窗里是两道亲昵的人影，伴随着细细密密的情话，一个是13岁考取进士的文人，一个是《红楼梦》人物诗的才女，那耳鬓厮磨的旖旎比那窗外的月色、花色更为婉转几分。

陈觉民的妻名陈意映，是螺洲陈若霖的后代，其父陈元凯，号陶庵，为光绪己丑科一举人。生于书香门第的陈意映温婉贤淑，文采斐然，她和林觉民虽不是自由恋爱，但夫妻俩琴瑟和谐，常以诗文相对，在时光里积累起深情。

林觉民早就有了出国学习的打算，婚后，他有些不忍抛下妻子，深明大义的意映却没有阻挠，在1907年亲自送走了丈夫，让他东渡到日本留学。林觉民专攻日语和哲学，兼习英、德两国语言，不久，受先进思想影响的他便加入了同盟会。

夫妻分离，相思暗起，林觉民曾于月浓之夜手书《原爱》，寄给陈意映，以慰相思：

“吾妻性癖好尚，与君绝同，天真烂漫真女子也。”

想起妻子嘴角浅浅的梨涡，想起她亲手把持的羹汤，林觉民心中充满了柔情蜜意。林觉民夫妻在老家的居所是一座二层小楼，叫双栖楼，楼前种植数棵蕉梅，在月光掩映下，有深深浅浅的影子，和楼上窗前相拥的影子轻轻地交汇，说不尽的温柔和缱绻。陈意映时常寄相思于尺素，那信笺落款便是“双栖楼主”，寓意燕子归来，鸳鸯双栖。

林觉民参加革命，陈意映也是知道的，她选择了默默地支持。林觉民若去同盟会里开会，她便常常帮丈夫把风；他在家中办了一所女学，动员家中妻子、堂嫂、弟媳、堂姐妹等人入学读书，她第一个响应；他还自己选编经典书籍以及新思想书籍作为教材、同时担任主要课程的讲授，向大家介绍世界大势，抨击封建礼教，她耳濡目染，学了不少。

时局诡谲，风云突变，温馨的家庭生活和心爱的妻子已经不能留住林觉民了，他心中除了小爱，还有家国大爱，他渴望走出去革命，救民于水火之中。他犹如古代的侠客，重承诺，轻生死，金戈铁马，扫荡不平；他也像李白，虽然是文人，骨子里却藏着傲气，仗剑天涯，快意生活，宁为玉碎不为瓦全，胸膛中萦绕着荆轲辞别太子丹时的激扬与豪气。

“风萧萧兮易水寒，壮士一去兮不复还”，荆轲等不到高渐离，林觉民亦是永别了意映卿卿。

1910年，第二次广州起义失败后，同盟会里被沮丧和低落的气氛笼罩，而孙中山却认为“愈不可为，愈为”。当林觉民到达香港统筹部机关时，黄兴喜不自禁地说道：“意洞来，天助我也，运筹帷幄，何可一日无君。”当即命林觉民回归福建，布置福建响应广州起义之事，由此可见，林觉民为人之才能和为友之意气。

林觉民到家后，其父林孝颖惊问其故，他只好借口学校放樱花假，回家是为与友伴一同游玩风景，以此敷衍父亲。林觉民这次在福州停留了10天，在这段时间里，他紧锣密鼓地与福建支部总干事林斯琛等人会商，同时身先士卒，带领了十余名敢死士赴穗聚义。

陈意映虽然知道丈夫在干什么，但她并不知道他危险重重。

除布置起义之事以外，林觉民还带有运送炸药赴粤的任务。他原本计划让妻子乔装打扮为送殡的贵妇人，用出殡的仪式把炸药伪装藏入棺木中运出，但陈意映此时已经有八月身孕，身体承受不起长期的颠簸和惊忧，他亦心疼，于是便改换了人选。

这些事，林觉民都没有告诉妻子，他谎称自己的工作没有任何危险。每次看到她露出担忧的神色，他便主动宽慰她，其实他内心比谁都煎熬，他放不下革命工作，但又不忍心家人为此担惊受怕。“当时余心之悲，盖不能以寸管形容。”此世可有以寸管能衡量的悲愁？如果悲愁真的可以衡量，那么，他的悲愁恐怕连双溪舴艋舟也载不动。娇妻、稚子、双亲，他有太多的温暖和牵绊，然而，他也有太多的抱负：时局动乱、民不聊生、战火频繁，好男儿就当顶天对立救民。

“吾自遇汝以来，常愿天下有情人都成眷属。”他不是不爱她，正因为爱她，才更加不忍心天下有情人分散。可是没有国，哪来的家？国之将亡，有情人如何能相守？

这是林觉民的大义凛然，这是深情之人对这个世界最大的善意，他希望她能懂，也能理解他。

1911年4月27日，林觉民参加了黄兴领导的广州起义，与同盟会的战友们一同进攻总督衙门。他们中了敌人的圈套，死伤无数，林觉民也不幸受伤被捕。

身陷囹圄的林觉民没有丝毫的屈服，在被拷打之时，他义愤填膺谴责清廷：“大清要我的命，我诛大清的心。”

难怪那些清廷的高官也不得不喟叹林觉民才是最大的伐谋者，第三次广州起义失败后，时任两广总督的张鸣岐和水师提督李准会审林觉民。他毫无惧色，不会粤话，就用流利的英语对答，综论世界大势和各国时事，宣传革命道理。慷慨陈词，满庭震动。

两广总督张鸣岐惋惜道：“惜哉，林觉民！面貌如玉，肝肠如铁，心地光明如雪。”

李准也算是一位有长远眼光之人，他怜惜人才，力保林觉民，希望他能为清廷所用。而张鸣岐却忌惮这个集智慧与勇气于一身的青年，“若不能为清廷所用，留下必为大祸害。”被关押几天后，林觉民滴米不进，泰然自若地迈向刑场，慷慨就义。

质本洁来还洁去，他就像用光阴雕铸的一把利剑，那剑光里蕴含着仁义、宽容和最大的善意，却能诛最为黑暗的势力。

广州起义的前三天，林觉民从广州来到香港，与同来参加起义的战友们住在临江边的一幢小楼上。夜阑人静时，想到即将到来的残酷，想到生死未卜的命运，想到自己的龙钟老父、弱妻稚子，他心中情绪实难平复。明知是死路，但他执意走下去，只是放不下妻儿亲人，他心中悲痛，不能自已，于是彻夜疾书，分别给父亲和妻子写下了诀别书。

那封流传后世的《与妻书》就写在一块白色的丝帕上。

天亮后他把信交给一位朋友，恳切叮嘱朋友：“我死，幸为转达。”

这一别，就是生死，他却无法亲口和她说再见。

“吾居九泉之下，遥闻汝哭声，当哭相和也。吾平日不信有鬼，今则又望其真有。”如果真的有灵魂，林觉民一定会回到双栖楼，夜夜徘徊在陈意映的窗外，闻着梅花香，听着她呢喃细语。生前，他选择了民族大义，辜负了她；死后，他肯定愿意选择这个小家，守着妻子，守着自己的爱。

这世上一切的美好似乎都与苦难挂钩，权高如唐明皇也只得与杨贵妃于梦中相遇；书写《浮生六记》的沈复也定要与相爱相惜的妻子天人永隔……

他们本都是意气风发之人，然而却不小心遇到了爱情，果真如林觉民在书信中所说：“汝幸而遇我……吾幸而得汝。”命运将两个最为契合的人推到了一起，让他们尝尽了爱情所有的甜蜜，又将他们轻易分开。

自古难有佳期，多有怨侣，因为苍天本无情，不愿人间白头。

广州起义失败之后，林家为避祸，躲至乡下，林家人整日生活在担忧中，无一日安宁。陈意映更是夜夜难眠，唯有一遍遍地抚摸丈夫的衣物，感受丈夫留下的淡淡气息，才能够在动乱和惊惶中稍稍缓解心头的不安。

此时，他们还没有收到噩耗，还怀着微薄的希望，期待着林觉民的归来。直到有一天，有人偷偷把两封信塞进陈家的门缝，这分明是遗书啊，还未读完，意映手里不断绞着的丝帕飘然落地，世界顿时全都变成了黑白。

“不孝儿觉民叩禀父亲大人，儿死矣，惟累大人吃苦，弟妹缺衣食耳，然大有补于全国同胞也。大罪乞恕之。”

古人言：“身体发肤受诸父母，不敢毁伤。”林觉民的父母伤心欲绝，几欲晕倒，儿子竟然一直在暗中参与革命，如今更是落得白发人送黑发的下场。那是他们骄傲的儿子，意气风发，聪明绝顶，是多少人夸赞过的，是人中龙凤，现在却惨烈地牺牲了。

陈意映的伤心丝毫不比他们少，她后悔自己轻信了丈夫的话，后悔自己没有更多的陪伴他。

“意映卿卿如晤：吾今以此书与汝永别矣！吾作此书时，尚是世中一人；汝看此书时，吾已成为阴间一鬼。吾作此书，泪珠和笔墨齐下，不能竟书而欲搁笔！又恐汝不察吾衷，谓吾忍舍汝而死，谓吾不知汝之不欲吾死也，故遂忍悲为汝言之。”

巾短情长，读之断肠，他心里所有的惦记和内疚，都化作了那一声呼唤。他也想永久的陪伴她，一起在楼前月光下读诗，一起观赏窗外的梅花，一起逗弄怀里的孩子，但他做不到了。

世间安得双全法，不负苍生不负卿。

煮字为药：

“吾自遇汝以来，常愿天下有情人都成眷属。”这句话简直叫人读之便心生柔情，世上再没有比这更纯粹的爱情了，因为爱让人知晓了世间所有美好，所以盼望这般美好为天下人所共享。

爱情何尝不是一种信仰，这种信仰天然深藏在每一个人心中，等待被发掘，等待着带给人所向披靡的力量。

后记

那注定是一个要被无数人追忆和仰望的时代。那里烟花缭绕，曲声慢慢；那里布衣长衫，行色匆匆；那里青砖绿瓦，人才辈出。站在街角，揭开历史厚重的帷幔，哗啦啦的流水声、悠扬婉转的曲调声、嗒嗒的马蹄声和川流不息的人群攒动声扑面而来，迅速将历史的游人包裹了起来。

不知何时，我已换上一身青色旗袍，像任何一个民国的女子，在人群中，喘息和走动了起来。

周围的一切如梦似幻。我走上民国古老而干净的街道，用手指细细地抚摸着每一片青砖绿瓦，抚摸每一块青砖石板。缓缓地，我抬起头，向历史深处走去。

摆在我面前的，是一堆微黄的，泛着久远年代气息的旧纸堆。纸堆上有些许微尘，还有一些青色的，轮廓清晰的手指印。

抖落信笺上的灰尘，烟呛了起来，字迹却也渐渐清晰：

“我一辈子走过许多地方的路，行过许多地方的桥，看过许多形状的云，喝过许多种类的酒，却只爱过一个正当最好年龄的人。”

“我寄你的信，总要送往邮局，不喜欢放在街边的绿色邮筒中，我总疑心那里会慢一点。”

“我爱你朴素，不爱你奢华。你穿上一件蓝布袍，你的眉目间就有一种特异的光彩，我看了心里就觉着无可名状的欢喜。”

“一见你的眼睛，我便清醒起来，我更喜欢看你那晕红的双腮，黄昏时的霞彩似的，谢谢你给我力量。”

我沉溺于这些让我着迷的文字，仿佛信件的主人就是我自己。

我乘着风在历史中穿行，看到奋笔疾书伏案书写的鲁迅；看到妙笔生花、单薄瘦弱的徐志摩危坐在桌前；看到钱锺书眯起了眼睛，看着书信上的文字；看到戴着眼镜框的梁实秋，砚台上轻落几滴墨汁。他们都在细细地看着，脸上浮现出微笑来，又时而沉思着，仿佛纸上每一句呢喃、每一句轻声细语，都像可以从纸上吹拂到爱人耳边。

我把那些沾满温情的信笺一个个收集、整理、晾晒，把那个时代的怀想与热望也一同封存了起来，封进这个信封里，邮寄给一个个百年之后同样怀着爱恋的人。